2024年6月 発行

生協監事監査ハンドブック〈上〉

日本生活協同組合連合会／編

| 総 | 目 | 次 |

I 生協監事監査基準モデル

生協監事監査基準の名称変更と改定について

2012年9月24日
日本生活協同組合連合会　会員支援本部

1．経緯

　現行生協監事監査基準は、2008年5月1日に、構成も含め全面改定を行なった。59年ぶりに生協法が大幅に改正され、改正生協法及び同施行規則では、会社法をベースとした監事の職務権限の明確化、一定規模を超す生協への常勤監事及び員外監事の設置の義務化、共済事業を行なう一定規模を超える単位生協及び連合会への会計監査人監査の義務化など、監査に係る多くの改正が行なわれた。これに応えられる生協監事監査基準の改定が必要となったのが前回改定の背景である。改定に際しては、公益社団法人日本監査役協会が作成・公表している「監査役監査基準」が参考とされた。その理由は、改正生協法に会社法の準用が非常に多く、特に監事に関わる規定の多くは会社法の監査役に関する規定を準用したからである。したがって、改定は、構成、内容とも全面的なものとなった。

　前回の改定から4年が経過した。この間の監事監査の実践、監事監査を取り巻く環境の変化等を踏まえ、必要な改定を行なった。

2．改定の趣旨

(1) 前回の改定以降、生協におけるガバナンスの整備・機能強化が図られてきた。監事監査においては、「監事監査の環境整備に関する指針～地域生協向け」の確定・公表、二度にわたる「監事監査実態調査」の実施等の取り組みが進められてきた。特に、「監事監査実態調査」から浮き彫りになった課題は、現行生協監事監査基準の基本的位置づけの変更や内容の抜本的改定を図るよりは、監事監査に

関する基本的な理解について全国生協への普及を進めることが急務であると考えられ、監査報告の改善や県連主催の監事研修会の開催の取り組みが進められてきた。

(2) したがって、今回の見直しは、現行生協監事監査基準の位置づけを基本的に維持しつつ、部分的な修正を図るという基本スタンスで行なった。誤解を招く記述の訂正に加えて、この間の実践の進展（内部統制の取り組み）や監事監査の環境整備に関する議論の到達点を踏まえて、修正を加えた。併せて、生協監事監査基準の各条項の性格（法令上必須事項なのか、望ましい事項なのか）について整理し、解説に反映させることにより、活用しやすくすることを目指した。

(3) 改定の主な内容

① 名称を目的に即し「生協監事監査基準モデル」（以下「本モデル」という。）とした。

② 本モデルに前文を設定し、「生協のガバナンスと理事・監事の職責、監事の職務と監査環境整備の意義、監事会、監査報告」の重要性について記載した。

③ 基準構成・文章編成を見直した。

・ より活用しやすい内容とするため、この間の実践、とくに内部統制の取り組みの進展、監事監査の環境整備に関する議論の到達点、監事監査実態調査を踏まえ、構成の見直し・文章編成の見直しを行なった。

・ 「特則」の第1章（常勤監事・員外監事・監事会・監事（会）事務局）、第2章（公認会計士等との連係）、第3章（内部監査部門等との連係）は、「総則」「監査業務」の適切な箇所に移した。会計監査及び監査計画と業務分担については、公認会計士等監査を実施していない場合としている場合の2つのパターンとした。その他、役員選任方式をとる場合と選挙方式をとる場合についても2パターンとした。

・ 基準の体裁を、章の連番・条の連番をつけ、全体が網羅的に

見やすく活用しやすくした。

- ・ 必須事項（必要度の高い項目）と特定事項（常勤監事の規定など特定の生協にとって必要度の高い項目）がわかるよう解説で明らかにした。

④ 基準の新設と内容の追加を行なった。

- ・ 「組合員監事に関する規定」及び「組合不祥事発生時の対応」について新設した。
- ・ 監事会の設置を全生協対象とし、監事会の機能・監事会の職務等について追加した。
- ・ この間の実践の進展、監事監査の環境整備についての議論の到達点を踏まえ、「監事選任手続・選挙手続への関与」「監査計画及び業務の分担」、「内部統制システムの構築・運用状況の監査」、「子会社等の監査」等について追加した。

⑤ 基準から削除した。

法定監査組合は、元受共済事業を行なう生協に限定され、しかも連合会と負債総額200億円超の単位生協と規定されている。対象はごく一部の生協であり、該当箇所を基準から削除した。

⑥ 必要に応じて表現等の修正を行なった。

⑦ 「監査報告」文例の一部削除と記載内容・注記の追加・修正等を行なった。

文例３例のうち、「会計監査人組合の監事の監査報告」は削除し、関連する注記も削除した。監査の方法及びその内容の記載内容について、「内部統制システム監査に関して」追加した。その他注記の追加、誤解をまねく箇所を修正・削除した。

３．本モデルの位置づけと対象生協について

本モデルは、監査基準のひな型ではなく、監事に期待されている役割と責務を明確にし、監事自身が職責を遂行するための拠りどころになることを意図して制定した。本モデルは、「各生協がそれぞれの監

7

査環境等に応じて監査基準を設定するときの参考になる」ものである
とともに、独自の監査基準を設定しない生協において直接参照され、
参考となる実践指針的な性格を有するものである。

　本モデルを自生協の基準として採択した場合や、本モデルを参考に
して自生協の監査基準として制定した場合は、その基準に従って監査
を遂行する一定の義務を負うことに留意する必要がある。

　本モデルは地域生協を対象としている。医療福祉生協、学校生協、
職域生協、大学生協などについては、本モデルを参考にしていただけ
れば幸いである。

4．その他

　＜凡例＞

　解説文の法令等の略称は、次の通りとする。

文中	法令等
法、生協法	消費生活協同組合法
施規	消費生活協同組合法施行規則
会法	会社法
準会法	準用会社法
指針	監事監査の環境整備に関する指針
模定	模範定款例

　＜言葉の使い方＞

※　「生協」の表現は法の表現の「組合」で統一する。
※　（数字）の意味　①は項を表す
（例　法第30の3③→法第30条の3　3項）
（例　法第28条⑥　→法第28条6項）

以　上

参考資料　「生協監事監査基準モデル」の構成一覧表

2012年9月24日、2022年5月25日一部改訂

章の内容	条の内容	公認会計士等監査なし	公認会計士等監査あり
第1章　目的	第1条　目的	○	○
第2章 監事の職責 と心構え	第2条　監事の責務	○	○
	第3条　監事の職務	○	○
	第4条　監事の心構え	○	○
第3章 監事及び 監事会	第○条　常勤監事（設置の場合条追加）		
	第5条　員外監事及び有識者監事	○	○
	第6条　組合員監事	○	○
	第7条　監事会の機能	○	○
	第8条　監事会の職務	○	○
	第9条　監事会の運営	○	○
	Aパターン　選任方式をとる場合		
	第10条　監事選任手続等への関与及び同意手続		
	第11条　監事候補者の選考基準		
	Bパターン　選挙方式をとる場合		
	第10条　監事選挙手続等への関与		
	第11条　監事候補者の推薦基準		
	共　通		
	第12条　監事の報酬等	○	○
	第13条　監査費用	○	○
第4章 監事監査の 環境整備	第14条　代表理事との定期的会合	○	○
	第15条　監事監査の実効性を確保する体制	○	○
	第16条　監事スタッフ	○	○
	第17条　監事スタッフの独立性の確保	○	○
	第18条　監事への報告に関する体制等	○	○
第5章 業務監査	第19条　理事の職務の執行の監査	○	○
	第20条　理事会等の意思決定の監査	○	○
	第21条　理事会の監督義務の履行状況の監査	○	○
	第22条　内部統制システムの構築・運用の状況の監査	○	○
	第23条　理事の自己契約等の監査	○	○
	第24条　組合不祥事発生時の対応	○	○
	第25条　事業報告書等の監査	○	○
第6章 会計監査	Aパターン　公認会計士等監査を受けていない場合		
	第26条　会計監査	○	
	第27条　会計方針等の監査	○	
	第28条　決算関係書類の監査	○	

章	条	内容		
	Bパターン　公認会計士等監査を受けている場合			
	第26条	会計監査		○
	第27条	公認会計士等の職務の遂行が適正に行われることを確保するための体制の確認		○
	第28条	会計方針等の監査		○
	第29条	決算関係書類の監査		○
	第30条	公認会計士等の再任・選任等		○
	第31条	公認会計士等の報酬等		○
第7章 監査の方法	Aパターン　公認会計士等監査を受けていない場合			
	第29条	監査計画及び業務の分担	○	
	Bパターン　公認会計士等監査を受けている場合			
	第32条	監査計画及び業務の分担		○
	第33条	公認会計士等との連係		○
	共　通			
	以下連番の表示　公認会計士等監査受けていない場合（公認会計士等監査受けている場合）			
	第30(34)条	内部監査部門等との連係による組織的かつ効率的監査	○	○
	第31(35)条	理事会への出席・意見陳述	○	○
	第32(36)条	理事会の書面決議	○	○
	第33(37)条	重要な会議等への出席	○	○
	第34(38)条	文書・情報管理の監査	○	○
	第35(39)条	組合の開示情報の監査	○	○
	第36(40)条	理事及び職員等に対する調査等	○	○
	第37(41)条	組合財産の調査	○	○
	第38(42)条	組合集団の調査	○	○
第8章 組合員代表訴訟への対応	第39(43)条	理事と組合間の訴えの代表	○	○
	第40(44)条	理事の責任の一部免除に関する同意	○	○
	第41(45)条	組合員代表訴訟の提訴請求の受領、不提訴理由の通知	○	○
	第42(46)条	補助参加の同意	○	○
	第43(47)条	組合が原告となる責任追及訴訟における和解	○	○
	第44(48)条	組合員代表訴訟における訴訟上の和解に対する異議の判断	○	○
第9章 監査の報告	第45(49)条	監査内容等の報告・説明	○	○
	第46(50)条	監査調書の作成	○	○
	第47(51)条	代表理事及び理事会への報告	○	○
	第48(52)条	監査報告の作成・通知	○	○
	第49(53)条	総(代)会への報告・説明等	○	○

I　生協監事監査基準モデル

11

Ⅰ 生協監事監査基準モデル・目次

第46条（50条）監査調書の作成

第47条（51条）代表理事及び理事会への報告

第48条（52条）監査報告の作成・通知

第49条（53条）総(代)会への報告・説明等

生協監事監査基準モデル

2012年9月24日

日本生活協同組合連合会　会員支援本部

＜生協のガバナンスと理事・監事の職責＞

　理事と監事とはともに役員として生協と委任関係にあり、独立・対等の立場で生協のガバナンスの一翼を担う存在として、制度上設計されています。理事は理事会を構成し、重要事項に関する意思決定や代表理事の業務執行状況の監督にあたります。監事は、理事の職務の執行を監査（＝監視・検証）し、事業報告書・決算関係書類（剰余金処分案を除く）やそれらの附属明細書の適正性、剰余金処分案の法令・定款適合性、理事の職務執行における不正な行為や法令・定款に違反する重大な事実の有無について、監査報告に記載して総代会に報告する責務があります。こうした理事、監事の職務が十分に果たされることが、生協における健全なガバナンスを実現する上で重要な意義を持ちます。

＜監事の職務と環境整備の意義＞

　監事は、上記の職務につき善管注意義務を尽くして遂行しなければならず、十分に職務を遂行しているか否かについて法的責任を問われ得る立場にあります。監事の具体的な職務は理事の職務の執行を監査することですが、監事が制度上の要請に応えて監査業務を十全に行なっていく上では、監事監査の環境整備が不可欠です。

　監事監査の環境整備に努めることは、監査業務と並ぶ監事の重要な職務であり、監事が主体性をもって取り組むことが必要です。しかし、監事監査の環境整備には理事や理事会の理解と協力も不可欠であり、監事の職務の執行のために必要な体制の整備に留意することは理事や

理事会の責務でもあります。このことは、生協法施行規則第58条２項に規定されています。

＜監事会＞

監事は独任制の機関ですが、広範にわたる理事の職務の執行状況を監視し検証するという職務を適正に果たしていく上では、監事全員により構成される任意の機関として監事会を設置することが適切です。監事会では、監査の方針、監査計画、監査の方法、監査業務の分担等について審議を行ない、各監事による監査の実施状況を報告し、得られた情報を他の監事と共有するなどして、監事監査の実効性を高め、組織的かつ効率的な監査の実施に役立てていくことが重要です。そして、監事監査の環境整備にあたっても、監事会における協議を通じて、監査環境の整備に関する考え方を検討することが求められます。

＜監査報告＞

監事は、事業年度の監査が終了し、事業報告書・決算関係書類やそれらの附属明細書を受領した場合は、それらの書類について検討のうえ、監査報告を作成しなければなりません。その監査報告には、実際に実施した監査の方法及びその内容と監査結果の記載が必要とされます。

したがって、監事は、自信をもって監査報告に記載し、総代会に報告することができるよう、具体的な監査の方法の裏づけとなる監査活動を実施し、個々の活動ごとに監査調書を作成する等により、その証跡を残さなければなりません。

本モデルは、以上の考え方に基づいて作成しています。

第1章　目的

> **（目的）**
> 第1条
> 1　本基準は、監事の職責とそれを果たすうえでの心構えを明らかにし、併せて、その職責を遂行するための監査体制のあり方と、監査にあたっての基準及び行動の指針を定めるものである。
> 2　監事は、組合規模、経営上のリスクその他組合固有の監査環境にも配慮して本基準に則して行動するものとし、監査の実効性の確保に努めなければならない。

＜解説＞
① 　1～2はいずれも必須の規定である。（根拠法令等はなし）
② 　本モデルは監事監査基準のひな型ではなく、監事に期待される役割と責務を明確にし、監事自身が職務を遂行するために拠りどころとなることを意図して作成した。したがって、各組合において本モデルを参考に独自の監査基準を設定する際には、各組合がそれぞれの監査環境等に応じて監査基準を設定する必要がある。本モデルを自組合の基準としてそのまま採用した場合や、本モデルを参考にして自組合の監事監査基準として作成した場合は、その監査基準に従って監査を遂行する一定の義務を負うことに留意する必要がある。

第2章　監事の職責と心構え

（監事の責務）

第2条

　　監事は、組合員の負託を受けた独立の機関として理事の職務の執行を監査することにより、持続的な発展を可能とする組合の健全な運営と社会的信頼に応えるガバナンスを確立する責務を負っている。

＜解説＞

① 必須の規定である。（法第30の3②　指針前文）

② 組合におけるガバナンスとは「組合内部において効率的で健全な法人経営を可能とするシステム」（生協制度見直し検討会）と定義されている。理事と監事は、独立・対等の立場で組合のガバナンスの一翼を担う存在として制度設計されている。監事は監査を通じて、組合の健全な運営と社会的信頼に応えるガバナンス確立の責務を負う。

③ 基準モデルの中では「監視・検証」という用語が多く使われている。監事の監査行為の内容が、監査対象を同時、継続的に「監視する行為」と、監査対象を事後的に「検証」する行為から成り立っていると理解できることから、この用語を使うことで「監査する行為」を明確化したものである。

（監事の職務）

第3条

　　前条の責務を果たすため、監事は、理事会その他重要な会議への出席、理事及び職員等から受領した報告内容の検証、組合の業務及び財産の状況に関する調査等を行い、理事又は職員等

19

に対する助言又は勧告等の意見の表明、理事の行為の差止めなど、必要な措置を適時に講じなければならない。

＜解説＞

①　必須の規定である。（法第30の３③　会法第381条　第382条　第383条　第385条準用）

②　監事が責務を果たすための、監事の職務の基本事項を総括的に示している。前半は主要な監査の方法を述べ、後半部分は、事後監査でなく予防監査の視点にたった規定である。

③　監査の方法は、監事の職責を果たす上での善管注意義務を充足させる事項であり、そうした意味で義務でもあり、また権限でもある。

④　調査の内容は、記録として保存が必要となる。

⑤　理事の著しい法令違反等に対しては、助言・勧告等の措置が義務づけられている。

（監事の心構え）

第４条

（公正不偏の態度）

1　監事は、独立の立場の保持に努めるとともに、法令及び定款並びに監事監査規則（監事会規則）を遵守し、組合及び組合員、その他の利害関係者のために常に公正不偏な態度をもって、その職務を執行しなければならない。

（自己研鑽）

2　監事は、監査を実施するために必要な知識及び技術の習得に常に努めなければならない。

（適正な監査視点）

3　監事は、適正な監査視点を形成するために、経営全般の見地から経営課題についての認識を深め、経営状況の推移と組合を

めぐる環境の変化を把握するよう努めなければならない。

（意思疎通の確保）

4　監事は、平素より組合及び子会社等の理事若しくは取締役及び職員等との意思疎通を図り、情報の収集及び監査の環境の整備に努めなければならない。

（情報の共有）

5　監事は職務上知り得た重要な情報を、他の監事と共有するよう努めなければならない。

（適正な意見形成）

6　監事は、監査意見を形成するにあたり、よく事実を確かめ、判断の合理的根拠を求め、その適正化に努めなければならない。

（秘密保持）

7　監事は、その職務の遂行上知り得た情報の秘密保持に十分注意しなければならない。

（理事への説明）

8　監事は、持続的な発展を可能とする組合の健全な運営と社会的信頼に応えるガバナンスの確立と運用を果たすため、監事監査の環境整備が重要かつ必須であることを、代表理事を含む理事に理解し認識させるよう努めなければならない。

＜解説＞

① 1～8はいずれも必須の規定である。（法第29の2　民法第644条から敷衍）

② 監事は受任者として善管注意義務を負う。監事の善管注意義務とは、「その人の持っている能力や注意力に関係なく、監事という職務・地位にあたる者に対して、組合員が通常期待している程度の一般的な注意義務をいう」と解される。

③ 1～8は、組合員が監事に期待している善管注意義務の具体的内容を示している。

21

第3章　監事及び監事会

> **（常勤監事）**
>
> 第○条
>
> 1　監事の互選をもって常勤監事を定める。
>
> 2　常勤監事は、常勤者としての特性を踏まえ、監査の環境の整備及び組合内の情報の収集に積極的に努め、かつ、内部統制システムの構築・運用の状況を日常的に監視し検証する。
>
> 3　常勤監事は、その職務の遂行上知り得た情報を、他の監事と共有するよう努めなければならない。

＜解説＞

①　常勤監事を設置する場合には必須の規定である。（法第28条⑥指針1（3））

　　負債総額200億円超の組合においては法令上設置が必要であり（法第28条⑥）、負債総額50億円以上の組合では指針により、設置を図ることとされている。

　　それ以外の組合でも、県内で事業高が最大の組合では、当該地域における影響力の大きさに鑑み、実践的観点から、常勤的な働きを想定する監事の設置を検討する必要がある。

②　「常勤」とは、生協法に定めはないが、「原則として、組合の業務が行われる間、監事の職務を遂行できる状態にあることが必要とされる」と解される。ただし、「一般の職員等に要求される常勤とは異なり、監査業務を遂行する上で必要な日数、必要な時間を割きうるものであれば足りる」との見解もある。

③　常勤監事は、常勤者としての特性を踏まえ、経営組織内から情報を収集し、その結果を他の監事と共有することが特に重要な役割となる。生協法に、常勤監事の役割・権限・義務・責任等についての特段の定めはなく、常勤監事も非常勤監事も基本は同じ規定が適用

されるが、情報量その他に由来する責任認定の違いはある。

（員外監事及び有識者監事）

第5条

1　（員外監事及び）有識者監事は、監査体制の独立性及び中立性を一層高めるために選任されていることを自覚し、積極的に監査に必要な情報の入手に心掛けるとともに、他の監事と協力して監査の環境の整備に努めなければならない。

2　（員外監事及び）有識者監事は、その独立性、選任された理由等を踏まえ、中立の立場から客観的に監査意見を表明することが特に期待されていることを認識し、代表理事及び理事会に対して忌憚のない質問をし又は意見を述べなければならない。

＜解説＞

①　有識者監事や員外監事を設置する場合は必須の規定である。（法第28条④　指針1 (2)）

　　員外監事の設置は、負債総額200億円超の組合においては必須、負債総額200億円以下での員外監事の設置は任意である。有識者監事を設置するが員外監事を設置しない場合は、員外監事のかっこ書きの部分を省いて規定する。

②　有識者監事とは、「法律」「会計」「経営」等に関する専門性を備えた監事を指す。

　　員外監事は下記の要件をすべて満たす監事であり、実践的には有識者監事と同様の役割が期待される。

・　当該生協の組合員でないこと（連合会の場合は会員の役員又は職員でないこと）

・　就任前5年間は当該生協の理事・職員やその子会社の取締役・職員等でなかったこと

・　当該生協の理事又は重要な使用人の配偶者又は2親等内の親族でないこと

③　員外監事及び有識者監事は、その独立性、選任された理由等を踏まえ、客観的・第三者的立場からの発言が期待される。

（組合員監事）

第6条

1　組合員監事は、国民の自発的な生活協同組織である組合の構成員としての立場、また出資者・利用者としての立場から、理事の職務執行を監査する。

2　組合員監事は、組合員の声や情報の収集に努め、監事会における他の監事との審議を通じて、公正で適正な監査意見の形成に努めなければならない。

＜解説＞

①　1～2はいずれも必須の規定である。（指針1 (2)）

②　組合員監事は組合員の視点による監査を行う。員外監事及び有識者監事の3つの専門性を備えた監査と両立した監査を目指す。

③　旧生協法では員外監事の設置が認められていない状況の下、有識者が監事に就任する際に組合員になっていただいた経緯がある。この場合の監事は、前条の有識者監事として規定している。

（監事会の機能）

第7条

1　監事は、監査の実効性を確保するために、すべての監事で監事会を組織する。

2　各監事は、職務の遂行の状況を監事会に報告するとともに、

監事会を活用して、監査の方針、業務及び財産の状況の調査の方法その他の監事の職務の執行に関する事項を定める。ただし、監事会は各監事の権限の行使を妨げるものではない。

3　監事会は、必要に応じて理事及び理事会に対し監事会の意見を表明する。

4　監事会は、理事及び職員等が監事会に報告すべき事項を理事と協議して定め、その報告を受けるものとする。

＜解説＞

①　1～4はいずれも必須の規定である。（指針前文及び1（1））

②　監事は独任制の機関であるが、広範にわたる理事の職務の執行状況を監査するという職務を適正に果たしていく上では、監事全員により構成される任意の機関として監事会を設置し、監事会を活用した組織的、計画的な監査の実施が必要である。その重要性ゆえ、定款等の自治規範の中で規定を設け、その位置づけや権限、運営ルール等について明確にする。

③　監事会では、監査の方針、監査計画、監査の方法、監査業務の分担等について決定し、各監事による監査の実施状況を報告し、得られた情報を他の監事と共有するなどして、監事監査の実効性を高め、組織的かつ効率的な監査に役立てていくことが重要である。

④　監事会は、理事の職務執行が、法令違反等の行為に該当する場合、監事会での十分な審議を踏まえ、必要に応じて助言・勧告等の意見を表明する。

⑤　監事会は内部統制システムに係る決議の一環として、理事等の監事会への報告手続きを定める。

（監事会の職務）

第8条

1　監事会は、次に掲げる職務を行う。ただし第2号の決定は、各監事の権限の行使を妨げることはできない。
① 　監査報告の審議
② 　監査の方針、業務及び財産の状況の調査の方法その他の監事の職務の執行に関する事項の決定
2　監事会は、次に掲げる職務を行う監事（以下「特定監事」という。）を定めることができる。
① 　各監事が受領すべき決算関係書類及び事業報告書並びにこれらの附属明細書を理事から受領し、それらを他の監事に対し送付すること
② 　公認会計士等から会計監査報告の内容の通知を受け、それを他の監事に対し通知すること
③ 　監事の監査報告の内容を特定理事（及び公認会計士等）に対し通知すること
④ 　前各号の日程について合意すること

＜解説＞
① 　1は必須、2は特定監事を定める場合は必須の規定である。（指針前文及び1(1)）（2項は施規第133条④⑤）
② 　決定（決議）・協議・審議の本モデルでの意味
・ 　決定（決議）　監事全員の過半数の同意。監事会で行うことを基本とする。
・ 　協議　監事全員の同意により協議が整うこと。協議は監事会で行う必要はないが、全員の合意により監事会で行うこともできる。
・ 　審議　決定・協議事項に該当しない事項に関する意見交換をいう。
③ 　選任・選定・互選の意味
・ 　選任　選任とは、生協法上の一定の地位を有しない不特定の者の

中から、会議体の決議をもってある者を選んで特定の地位を付与すること。総(代)会による理事・監事の選任がこれにあたる。

・　選定　選定とは、生協法上の一定の地位を有する特定の者の中から、会議体の決議をもってさらにある者を選んで一定の地位を付与することであり、理事会による代表理事の選定がこれにあたる。

・　互選　互選とは、生協法上の一定の地位を有する特定の者の中において、相互にある者を選んでさらに一定の地位を付与することであり、監事の互選による常勤監事がこれにあたる。

④　特定理事・特定監事の意味

・　特定理事　施行規則第133条④に規定のある「監査報告の通知を受ける者として定められた理事、特に定められていない場合は決算関係書類の作成に関する業務を行った理事」をいう。選定は任意。

・　特定監事　施行規則第133条⑤に規定のある「監査報告を特定理事に通知すべき監事と定められた監事」をいう。定めない場合はすべての監事が特定監事となる。選定は任意。

（監事会の運営）

第9条

1　監事会は、定期的に開催し、理事会の開催日時、各監事の出席可能性等にも配慮しあらかじめ年間の開催日時を定めておくことが望ましい。ただし、必要があるときは随時開催するものとする。

2　監事会は、監事の中から議長を定める。監事会の議長は、監事会を招集し運営するほか、監事会の委嘱を受けた職務を遂行する。ただし、各監事の権限の行使を妨げるものではない。

> 3 監事会は、各監事の報告に基づき審議をし、監事の監査意見形成に資する。
>
> 4 監事会の決定若しくは協議する事項については、十分な資料に基づき検討しなければならない。
>
> 5 監事は、監事会議事録に議事の経過の要領及びその結果が適切に記載されているかを確かめ、出席した監事は、これに署名又は記名押印しなければならない。

＜解説＞

① 1～5はいずれも必須の規定である。（指針前文の主旨から敷衍）

② 監事会運営の基本事項を定める。

　　監事監査の実効性確保のため、監事会開催は年間で計画し監事全員が出席できるよう調整する。

③ 議長の職務は、監事会を招集し運営する他監事会の委嘱を受けた職務の遂行等である。各監事が主体的に参加する監事会にすることと併せて、監事会をまとめるリーダーシップを発揮することが求められる。

④ 監事会議事録は、生協法には規定はないが、任意の機関として設置した場合、監事の職務遂行及び監事会の運営が適正に行われていることの記録・証拠となるものとして作成・保管する。

⑤ 議事録記載事項については、監事監査規則例第25条を参照する。

Aパターン　役員選任方式をとる場合（第10条～第11条）
（監事選任手続等への関与及び同意手続）

第10条

1 監事は、理事が総(代)会に提出する監事の選任議案について、独立性の確保に留意して同意の当否を監事会で決定しなければならない。併せて、監事の人選等に関する協議の機会を請求し

なければならない。

2　監事は、必要があると認めたときは、監事会で検討の上、理事に対して、監事の選任を総(代)会の目的とすることを請求し、又は総(代)会に提出する監事の候補者を提案しなければならない。

3　監事は、監事の独立性に留意して、監事の選任、解任、辞任、又は不再任について意見をもつに至ったときは、総(代)会で意見を表明しなければならない。

＜解説＞

①　役員選任方式をとる場合、1〜3はいずれも必須の規定である。（指針1（4）法第28条　法第30条の3③　会法第343条①②　第345条①②準用）

②　役員選任方式は、事業者として組合の社会的責任が大きくなっている中で役員体制のバランスが重要となっていることを受け、法改正により導入された。次期の役員体制を理事会から総(代)会に一括して提案し、議案として採択を行う方式。この場合、監事の選任議案を総(代)会に提出するためには、事前に監事の過半数の同意を得る必要がある。

③　監事選任手続等への関与について基本事項を定める。「監事の理事からの独立性」を確保するための規定であり、監事選任プロセスへの監事の主体的関与を保障することが重要である。

・　監事選任議案につき、監事の過半数の同意がない場合には、総(代)会に提出できない。

・　監事は、監事の選任を総(代)会の議題とすること（＝候補者を示さない形）、又は監事選任議案を総(代)会に提出すること（＝候補者を示す形）を請求できる。

④　監事候補者、監事選任議案の形成・決定手続、補充の要否等についてあらかじめ理事と監事の間で協議の機会を請求する。

（監事候補者の選考基準）

第11条

1　監事会は、監事の（常勤・非常勤又は）（員外・）有識者・組合員の別及びその員数、現任監事の任期、専門知識を有する者の有無、欠員が生じた場合の対応等を考慮し、監事候補者の選考に関して一定の方針を定めるものとする。

2　監事候補者の選考に際しては、監事会は、任期を全うすることが可能か、業務執行者からの独立性が確保できるか、公正不偏の態度を保持できるか等を勘案し、監事の適格性を慎重に検討しなければならない。なお、監事のうち最低1名は、財務及び会計に関して相当程度の知見を有する者であることが望ましい。

3　（員外監事又は）有識者監事候補者の選考に際しては、監事会は、組合との関係、代表理事その他の理事及び主要な職員との関係等を勘案して独立性に問題がないことを確認するとともに、理事会及び監事会等への出席可能性等を検討するものとする。

<解説>

①　1～3はいずれも必須の規定である。（指針1(2)(4)）

②　監事会は、監査に係る内部統制システムの構築・運用状況を勘案の上、監査職務の円滑な遂行、監査の実効性確保のための監査体制という観点から、監事候補者の選考に関して、一定の方針を定め、その方針に照らして監事選任議案について、同意の当否の決定、又は監事候補者の提案を行う必要がある。

③　員外監事や有識者監事の選考については、3つの専門性（「法律」「会計」「経営」に関する専門性）に留意しつつ、独立性に問題ないか、第三者的立場で発言することに問題がないか等を確認する。同時に理事会及び監事会等への出席可能性等を確認する。

Bパターン　役員選挙方式をとる場合（第10条～第11条）
（監事選挙手続等への関与）
第10条
　　監事は、理事が選挙管理委員会に監事候補を推薦するに先立って、推薦プロセス及び人選等について協議の機会を請求しなければならない。

＜解説＞

① 役員選挙方式をとる場合、必須の規定である。（法第28条①）

② 「監事の理事からの独立性」を確保するための規定であり、監事推薦プロセスへの監事の主体的関与を保障することの重要性として捉える。

③ 理事が監事候補を推薦する場合はこの規定による。監事が監事候補を推薦する場合は、「監事が選挙管理委員会に監事候補を推薦する場合には、監事会で決定しなければならない」などとすることが考えられる。

（監事候補者の推薦基準）
第11条

1 監事会は、監事の（常勤・非常勤又は）（員外・）有識者・組合員の別及びその員数、現任監事の任期、専門知識を有する者の有無、欠員が生じた場合の対応等を考慮し、監事候補者の推薦に関して一定の方針を定めるものとする。

2 監事候補者の推薦に際しては、監事会は、任期を全うすることが可能か、業務執行者からの独立性が確保できるか、公正不偏の態度を保持できるか等を勘案し、監事の適格性を慎重に検討しなければならない。なお、監事のうち最低1名は、財務及び会計に関して相当程度の知見を有する者であることが望まし

い。

3 （員外監事又は）有識者監事候補者の推薦に際しては、監事
会は、組合との関係、代表理事その他の理事及び主要な職員と
の関係等を勘案して独立性に問題がないことを確認するととも
に、理事会及び監事会等への出席可能性等を検討するものとす
る。

＜解説＞

① 1～3はいずれも必須の規定である。（指針1(2)(4)）

② 監事会は、監査に係る内部統制システムの構築・運用状況を勘案
の上、監査職務の円滑な遂行、監査の実効性確保のための監査体制
という観点から、監事候補者の推薦に関して、一定の方針を定め、
その方針に照らして監事候補者に関する意見を述べる。

③ 員外監事や有識者監事の推薦については、3つの専門性（「法律」
「会計」「経営」に関する専門性）に留意しつつ、独立性に問題ない
か、第三者的立場で発言することに問題がないか等を確認する。同
時に理事会及び監事会等への出席可能性等を確認する。

共 通

（監事の報酬等）

第12条

1 各監事の報酬等の額については、総(代)会で決議された総額
の範囲内で、常勤・非常勤の別、監査業務の分担の状況、理事
の報酬等の内容及び水準等を考慮し、監事の協議をもって定め
なければならない。

2 監事は、監事の報酬等について意見があるときは、必要に応
じて理事会又は総(代)会で意見を述べなければならない。

＜解説＞

①　１～２はいずれも必須の規定である。（法第30条の３③　会法第387条①②③準用　指針１(5)）

②　総(代)会に提案される監事報酬総額に関しては、理事会提案の議案確定前に監事会にて審議の上、事前に理事との意見交換を行うことが望ましい。

③　各監事の報酬は、総(代)会で決議された総額の範囲内で、監事の協議（全員の賛同）により定める。監事の独立性確保の観点から重要。

④　監事の報酬は役員報酬全体の体系の中で検討するが、一定規模以上の組合において、有識者監事（弁護士、公認会計士等）の報酬は、適切な人材確保の視点から報酬水準に留意する。

⑤　報酬等には、監事の「退任慰労金」も含まれることに留意する。

（監査費用）

第13条

１　監事は、その職務執行のために必要と認める費用について、組合に請求することができる。組合は、その費用が監事の職務執行に必要でないことを証明した場合を除いて、これを拒むことができない。

２　監事は、あらかじめ監査費用の予算を計上するとともに、その支出に当たっては、効率性及び適正性に留意しなければならない。

＜解説＞

①　１～２はいずれも必須の規定である。（法第30条の３③　会法第388条①②③準用　指針２(1)）

②　監査費用については、あらかじめ理事と十分な協議を行い、費用の支出について理解を求める必要がある。

③　監査費用は、予算化しなくとも組合に支払い義務がある。しかし
　監事といえども組合の一員であり、損益管理や監事監査の実効性・
　効率性の観点からも、予算を作成しておくことが望ましい。

第4章　監事監査の環境整備

（代表理事との定期的会合）

第14条

　　監事は、代表理事と定期的に会合をもち、代表理事の経営方針を確かめるとともに、組合が対処すべき課題、組合を取り巻くリスクのほか、監事監査の環境整備の状況、監査上の重要課題等について意見を交換し、代表理事との相互認識と信頼関係を深めるよう努めるものとする。

＜解説＞

①　必須の規定である。（施規第58条②③　指針2(2)）

②　監事が、その職責である理事の職務の執行の監査を行い、そのために必要な監査環境の整備を要請し、また監査に必要な情報について理事から監事への報告を求めるためには、組合の業務執行責任者としての権限を有する代表理事との間で、十分な意思疎通を図り、相互認識と信頼関係を深めることが最も重要な基盤となる。

③　会合は1年間に複数回（例　四半期毎　半期毎）を設定する。会合においては監査環境の整備に関する事項のほか、生協を取り巻く環境や生協事業・組織の現状についての状況認識と問題意識の共有を主なテーマとする。

（監事監査の実効性を確保する体制）

第15条

1　監事は、監査の実効性を高め、かつ、監査職務を円滑に執行するための体制の確保に努めなければならない。

2　前項の体制を確保するため、監事は、理事又は理事会に対して監事の職務を補助すべき職員（以下「監事スタッフ」という。）

等その他次に掲げる事項に関する必要な協力を要請するものとする。

① 監事スタッフに関する事項

② 監事スタッフの理事からの独立性に関する事項

③ 理事及び職員が監事に報告をするための体制その他の監事への報告に関する体制

④ その他監事の監査が実効的に行われることを確保するための体制

＜解説＞

① 1～2はいずれも必須の規定である。（施規第58条② 指針1(6)）

② 内部統制システムの一部として、第22条①第6号に規定する体制である。

③ 監事監査の環境整備に努めることは、監査業務と並ぶ監事の重要な職務であり、監事が主体性を持って取り組むことが必要である。しかし、監事監査の環境整備には理事や理事会の理解と協力も不可欠であり、監事の職務の執行のために必要な体制の整備に留意することは、理事や理事会の内部統制システム構築の一環としての責務である。

④ 第2項各号は、監事監査の環境整備事項のうち、監事が監査の実効性を確保する体制として整備すべき努力義務の内容を総括的に示したものである。

（監事スタッフ）

第16条

1 監事は、組合規模、経営上のリスクその他組合固有の事情を考慮し、監事スタッフの体制について検討しなければならない。

　２　監事スタッフは、専任であることが望ましい。

＜解説＞

①　１は必須の規定、２は望ましい規定である。（施規第58条　指針 １(6)）

②　前条第２項第１号の規定の内容を示している。監事スタッフのあり方は、監事の監査環境整備の要をなす。非常勤の監事のみの組合では特に重要である。監事スタッフは秘書的業務に加え監査補助業務（監査計画作成、監査補助活動、監事特命調査等）を行う。

③　監事会は、監事スタッフを専任にするか、兼任にするかを監事の体制や組織の規模・業務量などを総合的に検討し、判断する。

④　内部監査部門等を活用することもできるが、直接監事が指揮命令できる専任スタッフがいる方が効果的かつ効率的に職務が遂行できる。

（監事スタッフの独立性の確保）

第17条

　１　監事は、監事スタッフの業務執行者からの独立性の確保に努めなければならない。

　２　監事は、以下の事項の明確化など、監事スタッフの独立性の確保に必要な事項を検討するものとする。

　　①　監事スタッフの権限

　　②　監事スタッフの属する組織

　　③　監事の監事スタッフに対する指揮命令権

　　④　監事スタッフの人事異動、人事評価、懲戒処分等に対する監事の同意権

＜解説＞

①　１～２はいずれも必須の規定である。（施規第58条②　指針 １

(6)）

② 第15条第2項第2号の規定の内容を示している。

③ 監事スタッフは、監事による理事の職務執行の監査に係る職務を補助するので、職員ではあるが業務執行者からの独立性が求められる。監事スタッフが兼任で監事の職務を補助する場合でも、監事監査の補助職務を行うための権限が明確化されていることが必要。加えて監事スタッフとしての職務に関し、理事以下所属する組織の上長の指揮命令を受けないことが必要。

（監事への報告に関する体制等）

第18条

1 監事は、理事及び職員等が監事に報告をするための体制その他の監事への報告に関する体制の強化に努めるものとする。

2 監事は、理事が組合に著しい損害を及ぼすおそれのある事実があることを発見したときは、これを直ちに監事に報告することが自らの義務であることを強く認識するよう、理事に対し求めなければならない。

3 前項に定める事項のほか、監事は、理事との間で、監事に対して定期的に報告を行う事項及び報告を行う者を、協議して決定するものとする。臨時的に報告を行うべき事項についても同様とする。

4 あらかじめ理事と協議して定めた監事に対する報告事項について実効的かつ機動的な報告がなされるよう、監事は、規則の制定その他の内部体制の整備を代表理事に求めなければならない。

5 組合に内部通報システムが設置されているときには、監事は、組合の内部通報システムが有効に機能しているかを監視し検証するとともに、提供される情報を監査職務に活用するよう努め

　　る。

　6　監事は、内部監査部門その他内部統制におけるモニタリング
　　機能を所管する部署（以下「内部監査部門等」という。）との
　　連係体制が実効的に構築・運用されるよう、理事又は理事会に
　　対して体制の整備を要請するものとする。

<解説>

①　１～４はいずれも必須の規定、５～６は設置した場合必須の規定
　である。（法第30条の３③　会法第357条・第381条準用　施規第
　58条②　指針２(3)）

②　第15条第２項第３号・第４号の規定の内容を示している。

③　監査を実効的に行うに際してのポイントは「必要な情報をいかに
　把握するか」にある。監事は理事会等を通じた日常的な報告体制の
　ほか臨時的な情報を自動的に入手できる仕組みの構築と運用が求め
　られる。

④　監事には理事並びに職員に対する報告聴取権と組合の業務と財産
　に対する調査権があり、必要な場合子会社等を含めてその権限を適
　切に行使しなければならない。

第5章　業務監査

(理事の職務の執行の監査)

第19条

1　監事は、理事の職務の執行を監査する。

2　前項の職責を果たすため、監事は、次の職務を行う。

①　監事は、理事会決議その他における理事の意思決定の状況及び理事会の監督義務の履行状況を監視し検証する。

②　監事は、理事が、第22条第1項に定める内部統制システムを適切に構築・運用しているかを監視し検証する。

③　監事は、理事が組合の目的外の行為その他法令若しくは定款に違反する行為をし、又はするおそれがあると認めたとき、組合に著しい損害又は重大な事故等を招くおそれがある事実を認めたとき、組合の業務に著しく不当な事実を認めたときは、理事に対して助言又は勧告を行うなど、必要な措置を講じる。

④　監事は、理事から組合に著しい損害が発生するおそれがある旨の報告を受けた場合には、必要な調査を行い、理事に対して助言又は勧告を行うなど、状況に応じ適切な措置を講じる。

3　監事は、前項に定める事項に関し、必要があると認めたときは、理事会の招集又は理事の行為の差止めを求めなければならない。

4　監事は、理事の職務の執行に関して不正の行為又は法令若しくは定款に違反する重大な事実があると認めたときは、その事実を監査報告に記載する。その他、組合員に対する説明責任を果たす観点から適切と考えられる事項があれば監査報告に記載する。

＜解説＞

①　1～4いずれも必須の規定である。（法第30条の3②③　会法第357条　第383条～第385条準用　指針）

②　業務監査に関する総括的規定である。業務監査は理事の職務執行について法令・定款に適合しているか、善管注意義務・忠実義務に違反していないか監査する。業務監査の各分野の監査について第20条～第25条に定める。

③　第2項で監事の権限・義務について定める。監事は理事の不正行為や法令・定款違反行為その他の問題がある場合は、理事に対して助言又は勧告を行うなど、必要な措置を行わなければならない。

④　監事には業務執行権がないため、「助言又は勧告」は指示する形ではなく、「○○が必要と考えられますが、ご検討ください」と理事に意思決定をゆだねる形でフィードバックする。ただし、監事の差止請求権（法第30条の3③　会法第385条準用）を行使する場合には、明確に差止めを請求しなければならない。

（理事会等の意思決定の監査）

第20条

1　監事は、理事会決議その他において行われる理事の意思決定に関して、善管注意義務、忠実義務等の法的義務の履行状況を、以下の観点から監視し検証しなければならない。

①　事実認識に重要かつ不注意な誤りがないこと

②　意思決定過程が合理的であること

③　意思決定内容が法令又は定款に違反していないこと

④　意思決定内容が通常の組合経営者として明らかに不合理ではないこと

⑤　意思決定が理事の利益又は第三者の利益でなく組合の利益を第一に考えてなされていること

2　前項に関して必要があると認めたときは、監事は、理事に対し助言若しくは勧告をし、又は差止めの請求を行わなければならない。

＜解説＞

①　１～２いずれも必須の規定である。（法第30条の３③　会法第382条　第385条準用及び「経営判断の原則」）

② 「経営判断の原則」とは、経営判断を行った際の状況に照らして、前提となる事実認識に不注意な誤りがある、判断内容に不合理がある等の事情がない限り、経営者は善管注意義務違反、忠実義務違反による責任を負わないという原則。組合の経営を萎縮させることのないよう、理事の経営上の意思決定には幅広い裁量が認められるべきであり、仮にその判断が組合に損害をもたらす結果になったとしても第１項第１号～第５号の観点で問題がなければ「経営判断の原則」により理事が法的責任を問われることはない。

　　理事の意思決定が「経営判断の原則」に照らして問題があるかどうか判断に困る場合は弁護士等外部専門家の意見を聞く。

③　第１項第１号～第５号は監事が理事の善管注意義務、忠実義務の履行状況を判断する尺度であり、理事の裁量権を侵害しない範囲で監事としての意見を述べることに留意する。

（理事会の監督義務の履行状況の監査）

第21条

　　監事は、代表理事及び業務を執行する理事がその職務の執行状況を適時かつ適切に理事会に報告しているかを確認するとともに、理事会が監督義務を適切に履行しているかを監視し検証しなければならない。

＜解説＞

① 　必須の規定である。（模定第31条②）

② 　業務執行理事には３ヶ月に１回以上理事会へ執行状況を報告する
義務がある。また、理事会には理事の監督義務があるため、少なく
とも３ヶ月に１回理事会が開催される必要がある。それらの義務の
履行状況を監事は監視・検証する。

（内部統制システムの構築・運用の状況の監査）

第22条

1 　監事は、組合の理事会決議に基づいて整備される次の体制（本
基準モデルにおいて「内部統制システム」という。）に関して、
当該理事会決議の内容並びに理事が行う内部統制システムの構
築・運用の状況を監視し検証する。

① 　理事及び職員等の職務の執行が法令及び定款に適合するこ
とを確保するための体制

② 　理事の職務の執行に係る情報の保存及び管理に関する体制

③ 　損失の危険の管理に関する規程その他の体制

④ 　理事の職務の執行が効率的に行われることを確保するため
の体制

⑤ 　組合並びに子会社等から成る組合集団（以下、「組合集団」
という。）における業務の適正を確保するための体制

⑥ 　第15条第２項に定める監事監査の実効性を確保するため
の体制

2 　監事は、内部統制システムの構築・運用の状況についての報
告を理事に対し定期的に求めるほか、内部監査部門等との連係
及び公認会計士等からの報告等を通じて、内部統制システムの
状況を監視し検証する。

3 　監事は、内部統制システムに関する監査の結果について、理

事又は理事会に報告し、必要があると認めたときは、理事又は
理事会に対し内部統制システムの改善を助言又は勧告しなけれ
ばならない。

4 　監事は、監事監査の実効性を確保するための体制に係る理事
会決議の状況及び関係する各理事の当該体制の構築・運用の状
況について監視し検証し、必要があると認めたときは、代表理
事その他の理事との間で協議の機会をもたなければならない。

5 　監事は、理事又は理事会が監事監査の実効性を確保するため
の体制の適切な構築・運用を怠っていると認められる場合に
は、理事又は理事会に対して、速やかにその改善を助言又は勧
告しなければならない。

6 　監事は、内部統制システムに関する監査の結果について、監
事会に対し報告をする。

7 　監事は、内部統制システムに係る理事会決議の内容が善管注
意義務に照らして相当でないと認めたとき、内部統制システム
に関する事業報告書の記載内容が著しく不適切と認めたとき、
及び内部統制システムの構築・運用の状況において理事の善管
注意義務に違反する重大な事実があると認めたときには、その
旨を監査報告書に記載する。その他、組合員に対する説明責任
を果たす観点から適切と考えられる事項があれば監査報告書に
記載する。

＜解説＞

① 　1 ～ 7 はいずれも必須の規定である。
　（法第30条の 3 ③　会法第381条　第384条準用　指針）

② 　理事の善管注意義務の履行等の観点から、日本生協連理事会より
全国の組合へ「業務全般の適正性の確保」を目的とした内部統制整
備を呼びかけている。

　具体的には第 1 項第 1 号～第 6 号に係る基本方針を理事会で決議

し、内部統制システムの構築・運用を進めることとしている。理事
会で決議した基本方針の概要は事業報告書で開示することとしてお
り、事業報告書における開示状況も監事は監査する必要がある。（日
本生協連の内部統制システムに係る指針）

③　内部統制システムの構築・運用は理事の職務執行の一部であり、
その適正な構築・運用は理事の善管注意義務の一環である。

④　内部統制システムの構築・運用が適正に行われていない場合「理
事の法令・定款違反行為」「組合に著しい損害又は重大な事故を招
く事案」が発生するおそれがあり、必要に応じて理事又は理事会に
対し助言又は勧告しなければならない。

⑤　第 1 項第 1 号～第 6 号についての基本方針を理事会で決議してい
ない組合においても、理事の善管注意義務の一環として構築・運用
状況を監査する義務がある。

⑥　内部統制システムの第 1 項第 1 号～第 6 号の各項目についてどの
水準まで執行するかは各組合の実情に応じて判断する。内部統制シ
ステムの構築・運用状況の相当性は、モニタリング機能を所管する
内部監査部門等や公認会計士等など内外の情報も参考に判断する。

⑦　監事監査の実効性を確保するための「監事監査の環境整備」は内
部統制システムの一部であるとともに、監事及び理事の努力義務で
ある。その構築・運用状況には特に留意する。

（理事の自己契約等の監査）

第23条

1　監事は、次の取引等について、理事の義務に違反する事実が
ないかを監視し検証しなければならない。

①　自己契約等の取引

②　競業取引

③　組合がする無償の財産上の利益供与（反対給付が著しく少

ない財産上の利益供与を含む)
　④　連合会又は子会社若しくは組合員等との通例的でない取引
　⑤　生協法第31条の6に定める補償契約
　⑥　生協法第31条の7に定める役員等のために締結される保
　　険契約
2　前項の取引等について、各部門等からの報告又は監事の監査
　の結果、理事の義務に違反し、又はするおそれがある事実を認
　めたときは、監事は、必要な措置を講じなければならない。
3　監事は、第1項以外の重要又は異常な取引等についても、法
　令又は定款に違反する事実がないかに留意し、併せて重大な損
　失の発生を未然に防止するよう理事に対し助言又は勧告しなけ
　ればならない。

＜解説＞

①　1～3はいずれも必須の規定である。(法第31条の2　法第30条
　の3③　会法第382条　第383条　第385条準用　模定第26条)

②　第1項第1号～第6号の取引は理事の忠実義務違反が生じやすい
　取引であり、監事は特に留意する。

③　協同組合は組合員のニーズを満たすための事業を自治的・民主的
　に管理するという理念に基づく組織であり、生協法により理事の3
　分の2以上が組合員(連合会の場合は会員組合の役員)であること
　が求められている。したがって特に連合会との間では形式的には第
　1項第1号に該当する取引が生じやすい。こうした事情から第1項
　第4号を、留意すべき取引として特別に記載している。

④　第1項第1～第2号及び第5～第6号は理事会議決事項であり
　(生協法第31条の2、第31条の6・7)、関係する理事は「特別利
　害関係理事」として議決に加わることができない。なお第1項第3
　号～第4号の取引は、代表理事等が該当法人の代表者を兼任してお
　り、第1項第1号に該当する場合に理事会議決事項となる。

　　理事会で承認を得た当該取引（第5～第6号を除く）についての「重要な事実（取引相手、種類、数量、金額、時期など）」は取引終了後最初に開催される理事会に報告する義務がある。また継続的取引で包括的に承認を得た場合でも定期的に報告する義務があり、少なくとも半年に1度報告する必要がある。

（組合不祥事発生時の対応）

第24条

　　監事は、組合不祥事（法令又は定款に違反する行為その他社会的非難を招く不正又は不適切な行為をいう。）が発生した場合、直ちに理事等から報告を求め、必要に応じて調査委員会の設置を求め調査委員会から説明を受け、当該組合不祥事の事実関係の把握に努めるとともに、原因究明、損害の拡大防止、早期収束、再発防止、対外的開示のあり方等に関する理事及び調査委員会の対応の状況について監視し検証しなければならない。

＜解説＞

① 　必須の規定である。（法第30条の3③　会法第357条　第381条　第382条準用）

② 　組合不祥事の防止には、大きく分けて発生前の予防・監視と発生後の拡大防止とがある。予防のための理事の職務執行の監視・検証とともに、組合不祥事が発生した場合の理事の対応を監視・検証し、問題がある場合に必要な措置をとることは、監事の中心的職責である。

③ 　組合不祥事の兆候を認めた場合は、理事に対して迅速かつ抜本的な対応を求めるとともに、監事会での審議や弁護士等外部専門家への相談も行った上で、注意深く理事の対応状況を監視し検証する。

④ 　組合不祥事の兆候を認めた後、必要な措置をとらなかった場合は

不祥事を放置していたとして監事が善管注意義務違反に問われる可能性もある。

（事業報告書等の監査）

第25条

1　監事は、事業年度を通じて理事の職務の執行を監視し検証することにより、当該事業年度に係る事業報告書及びその附属明細書（以下「事業報告書等」という。）が適切に記載されているかについて監査意見を形成する。

2　監事は、理事から各事業年度における事業報告書等を受領し、理事及び職員等に対し、重要事項について説明を求め、確認を行う。

3　監事は、事業報告書等が法令若しくは定款に従い、組合の状況を正しく示しているかどうかを監査しなければならない。

4　監事は、前3項を踏まえ、事業報告書等が法令若しくは定款に従い、組合の状況を正しく示しているかどうかについての意見を監査報告書に記載する。

5　事業報告書等の監査にあたって、監事は、必要に応じて、公認会計士等との連係を図るものとする。

＜解説＞

①　1〜4はいずれも必須の規定である。公認会計士等監査を受けている場合は5も必須の規定である。（施規第132条第1項②　施規第58条　指針）

②　事業報告書等は理事が受任した業務の執行状況報告であり、組合の年間の事業活動のまとめである。法定記載事項（法施行規則第123条〜第125条、第129条）が適切に記載されているか監査する。

③　事業報告書等の「対処すべき重要な課題」等に前年度記載された事項の遂行状況や今年度記載する内容についての見解、及び「組合

に著しい損害を及ぼすおそれのある事実」の有無等について、代表
理事との会合又は個別対話並びに担当理事からの説明等を通じて確
認する。

④　監事にとっても事業報告書等の監査は年間の監査活動の集大成で
ある。監事は事業年度を通じて理事及び職員等との意思疎通を図り、
情報収集を行い、監査を進めなければならない。

第6章　会計監査

Aパターン
公認会計士等の監査を受けていない場合（第26条～第28条）

（会計監査）

第26条

　　監事は、決算関係書類及びその附属明細書が組合の財産及び損益の状況を適正に表示しているかどうかについての意見を形成するために、事業年度を通じて、理事の職務の執行を監視し検証するとともに、組合の資産・負債・純資産の状況及び収益・費用の状況について監査する。

＜解説＞

① 　必須の規定である。（施規第131条）

② 　公認会計士等監査を受けていない場合の会計監査の総括的規定である。各分野の監査について第27条～第28条に定める。

③ 　会計監査の専門家でない監事でも、業務監査を踏まえた組合内部の実態に関する役員としての知見と、監事に通常期待される善管注意義務を尽くして行うことができる程度の手続きによって、決算関係書類の表示が適正であるかを確かめ、その結果について監査報告を行うことが求められている。

④ 　監事会として「法律」「経営」に加え「会計」の専門性を備えるよう努める。加えて、中小企業の会計に関する指針への準拠度合いや重要な会計上の見積もりの適正性について検証するために、コンサルティング契約を結んでいる公認会計士や税理士等の外部専門家の意見を活用できる体制を作ることが望ましい。

⑤ 　事業年度を通じて理事及び職員等との意思疎通を図り、情報収集を行った上で決算関係書類及び附属明細書の適正性を判断する。決算数値は年間の事業活動の結果であり、日常の業務監査によって生

協の実態に精通している監事の目から見て、決算関係書類及びその附属明細書が組合の財産の変動と損益の状況を正しく表示しているか監査する。

（会計方針等の監査）

第27条

1　監事は、会計方針（会計処理の原則及び手続並びに表示の方法その他決算関係書類作成のための基本となる事項）等が、組合財産の状況、決算関係書類に及ぼす影響、適用すべき会計基準及び公正な会計慣行等に照らして適正であるかについて、検証しなければならない。また、必要があると認めたときは、理事に対し助言又は勧告をしなければならない。

2　組合が会計方針等を変更する場合には、監事は、あらかじめ変更の理由及びその影響について報告するよう理事に求め、その変更の当否について判断しなければならない。

＜解説＞

①　1～2はいずれも必須の規定である。（施規第112条）

②　会計方針等（会計基準適用方針、会計方針変更の有無、特別損益、税効果会計、減損会計、退職給付会計、その他特記事項等）は決算関係書類作成のための前提であり、その適正性は会計監査にあたってまず監査するべき重要事項である。

③　監事は、組合の会計方針等について、決算処理が進行する前に理事及び職員から説明を受け、その適正性を検証する。また、採用している会計方針等を変更する場合の変更理由と決算関係書類に及ぼす影響について理事及び職員から説明を受け、その適正性を監事は判断する。判断が難しい事項については外部専門家を活用する。

> **（決算関係書類の監査）**
>
> 第28条
>
> 1　監事は、理事から各事業年度における決算関係書類及びその附属明細書を受領し、理事及び職員等に対し、重要事項について説明を求め、確認を行う。
>
> 2　監事は、各事業年度における決算関係書類及びその附属明細書を監査し、当該書類が組合の財産及び損益の状況を適正に表示しているかどうかに関する監査意見を形成する。監事は当該意見を監査報告書に記載する。

＜解説＞

①　1〜2はいずれも必須の規定である。（施規第58条②　施規第131条）

②　決算関係書類及びその附属明細書を受領する際、組合の資産や見積もりを伴う勘定科目など重要な決算数値について前年からの増減及びその原因について理事に説明を求め、必要に応じて実査を行い、数値が適正であることを検証する。

③　決算関係書類及びその附属明細書に法定記載事項が記載されているかどうか『生協の会計実務の手引き』（日本生協連）をもとに検証する。

> **Bパターン**
>
> **公認会計士等の監査を受けている場合（第26条〜第31条）**
>
> **（会計監査）**
>
> 第26条
>
> 1　監事は、決算関係書類及びその附属明細書が組合の財産及び損益の状況を適正に表示しているかどうかについての意見を形成するために、事業年度を通じて、理事の職務の執行を監視し

　検証するとともに、組合の資産・負債・純資産の状況及び収益・費用の状況について監査する。

　2　併せて監事は、会計監査の適正性及び信頼性を確保するため、公認会計士等が公正不偏の態度及び独立の立場を保持し、職業的専門家として適切な監査を実施しているかを監視し検証する。

＜解説＞

① 　1～2はいずれも必須の規定である。（施規第131条　第139条）

② 　公認会計士等監査を受けている場合の会計監査の総括的規定である。各分野の監査について第27条～第31条に定める。特に負債総額50億円以上の組合は、決算関係書類及びその附属明細書の開示に大きな社会的責任を有している上、適用される会計基準も複雑であるため、専門家である公認会計士等の監査を受ける必要がある。

③ 　会計監査の専門家でない監事でも、業務監査を踏まえた組合内部の実態に関する役員としての知見と、監事に通常期待される善管注意義務を尽くして行うことができる程度の手続きによって、決算関係書類の表示が適正であるかを確かめ、その結果について監査報告を行うことが求められている。

④ 　監事には公認会計士等の監査の方法及び結果の相当性を判断した上で、監査意見を形成し報告する義務がある。したがって監事会として「法律」「経営」に加え「会計」の専門性を備えるよう努める。

⑤ 　事業年度を通じて理事及び職員等との意思疎通を図り、情報収集を行った上で決算関係書類及び附属明細書の適正性を判断する。決算数値は年間の事業活動の結果であり、日常の業務監査によって生協の実態に精通している監事の目から見て決算関係書類及びその附属明細書が、組合の財産の変動と損益の状況を正しく表示しているか監査する。

（公認会計士等の職務の遂行が適正に行われることを確保するための体制の確認）

第27条

1　公認会計士等の職務の遂行が適正に行われることを確保するため、監事は、次に掲げる事項について公認会計士等から通知を受け、公認会計士等が会計監査を適正に行うために必要な品質管理の基準を遵守しているかどうか、公認会計士等に対して適宜説明を求め確認を行う。

　　①　独立性に関する事項その他監査に関する法令及び規程の遵守に関する事項

　　②　監査、監査に準ずる業務及びこれらに関する業務の契約の受任及び継続の方針に関する事項

　　③　公認会計士等の職務の遂行が適正に行われることを確保するための体制に関するその他の事項

＜解説＞

①　必須の規定である。（施規第139条）

②　第1号〜第3号について毎期公認会計士等から報告を受ける。公認会計士等が遵守するべき品質管理基準は「監査に関する品質管理基準」（企業会計審議会）に規定されている。

③　公認会計士等から監査結果を受け取る際にも第1項第1号〜第3号について確認する。

（会計方針等の監査）

第28条

1　監事は、会計方針（会計処理の原則及び手続並びに表示の方法その他決算関係書類作成のための基本となる事項）等が、組合財産の状況、決算関係書類に及ぼす影響、適用すべき会計基

準及び公正な会計慣行等に照らして適正であるかについて、公認会計士等の意見を聴取して検証する。また、必要があると認めたときは、理事に対し助言又は勧告をしなければならない。

2　組合が会計方針等を変更する場合には、監事は、あらかじめ変更の理由及びその影響について報告するよう理事に求め、その変更の当否についての公認会計士等の意見を聴取し、その相当性について判断する。

<解説>

① 　1～2はいずれも必須の規定である。（施規第112条）

② 　会計方針等（会計基準適用方針、会計方針変更の有無、特別損益、税効果会計、減損会計、退職給付会計、その他特記事項等）は決算関係書類作成のための前提であり、その適正性は会計監査にあたってまず監査するべき重要事項である。

③ 　監事は、組合の会計方針等について、決算処理が進行する前に理事及び職員から説明を受け、その適正性を検証する。また、採用している会計方針等を変更する場合の変更理由と決算関係書類に及ぼす影響について理事及び職員から説明を受け、その相当性を監事は判断する。判断が難しい事項については公認会計士等の意見を求める。

（決算関係書類の監査）

第29条

1　監事は、理事から各事業年度における決算関係書類及びその附属明細書を受領し、理事及び職員等に対し、重要事項について説明を求め、確認を行う。

2　監事は、各事業年度における決算関係書類及びその附属明細書を監査し、当該書類が組合の財産及び損益の状況を適正に表

示しているかどうかに関する監査意見を形成する。監事は当該
意見を監査報告書に記載する。

　3　監事は、前項の監査意見を形成するにあたり、公認会計士等
の監査の方法及び結果の相当性について判断しつつ、公認会計
士等の監査の結果を参考にするものとする。

<解説>

①　1～3はいずれも必須の規定である。（施規第58条②　第131条
第137条）

②　決算関係書類及び附属明細書を受領する際、組合の資産や見積も
りを伴う勘定科目など重要な決算数値について前年からの増減及び
その原因について理事に説明を求め、必要に応じて実査を行い、数
値が適正であることを検証する。

③　決算関係書類及び附属明細書に法定記載事項が記載されているか
どうか『生協の会計実務の手引き』（日本生協連）をもとに検証する。

④　任意監査の場合は法定監査と異なり、監事が決算関係書類の適正
性についての意見を監査報告に記載しなければならない。したがっ
て監事は、公認会計士等の監査の方法と結果の相当性を判断した上
で独自に監査意見を形成しなければならない。

⑤　監事は、公認会計士等の監査結果及び監査実施報告を受領し、自
ら実施した監査結果と照合し総合的に相当性を判断した上で監査意
見を形成する。

（公認会計士等の再任・選任等）

第30条

　1　監事は、公認会計士等の再任の適否について、公認会計士等
の職務の遂行の状況等を考慮し、毎期検討する。

　2　監事は、組合が公認会計士等を選任する場合には、公認会計

士等の選任に関する議案を総(代)会に提出すること又は公認会
計士等の解任若しくは不再任に関する議案を総(代)会の目的と
することについて、同意の当否を判断しなければならない。

3　監事は、理事に対し、公認会計士等の選任に関する議案を総
(代)会に提出すること又は公認会計士等の解任若しくは不再任
に関する議案を総(代)会の目的とすることを請求することがで
きる。

<解説>

①　1～3は公認会計士等監査を受けている場合は必須の規定であ
る。(法第31条の10③　会法第340条　第344条準用)

②　公認会計士等の再任の適否を毎期末（総(代)会議案検討時）に検
討しておく必要がある。

③　不再任の場合は、新たな公認会計士等の候補を検討する当初から
理事と十分協議し、理事と監事の認識のすり合わせを行う必要があ
る。

（公認会計士等の報酬等）

第31条

監事は、公認会計士等の監査計画の内容、非監査業務の委託
状況等も勘案のうえ、公認会計士等に対する監査報酬の額その
他監査契約の内容が適切であるかについて、契約毎に検証し、
同意の当否を判断しなければならない。

<解説>

①　公認会計士等監査を受けている場合は必須の規定である。(法第
31条の10③　準会法第399条を参考に規定。法定監査との関係で
任意監査においても公認会計士監査規約に規定しておくことが望ま
しい。)

②　公認会計士等の監査品質の確保、理事からの独立性の確保の観点
　　から、公認会計士等の報酬等について監事の過半数の同意が必要で
　　ある。
③　報酬等の同意にあたり、公認会計士等の監査計画（体制、人員、
　　監査時間等）が組合の規模やリスクの状況等に照らして適切か否か
　　を判断する必要がある。したがって公認会計士等の監査計画及び監
　　査報酬について、理事との折衝の段階から理事に情報の提供を求め、
　　必要に応じて理事に指摘や要望を行い、監査計画及び報酬等に反映
　　させる必要がある。

第7章　監査の方法

Aパターン　公認会計士等の監査を受けていない場合（第29条）

（監査計画及び業務の分担）

第29条

1　監事会は、内部統制システムの構築・運用の状況にも留意の
うえ、重要性、適時性その他必要な要素を考慮して監査方針を
たて、監査対象、監査の方法及び実施時期を適切に選定し、監
査計画を作成する。この場合、監査上の重要課題については、
重点監査項目として設定するものとする。

2　監事会は、効率的な監査を実施するため、適宜、内部監査部
門等との協議又は意見交換を経て、監査計画を作成する。

3　監事会は、組織的かつ効率的に監査を実施するため、監査業
務の分担を定める。

4　監事会は、監査方針及び監査計画を代表理事及び理事会に説
明する。

5　監査方針及び監査計画は、必要に応じ適宜修正する。

<解説>

① 　1～5はいずれも必須の規定である。（指針前文）

② 　公認会計士等監査を受けていない場合の、監事会の監査計画及び
業務分担の基本事項に関して総括的に示している。

③ 　監査方針・監査計画の作成は生協法上には規定されていないが、
第8条に定める監事会の職務である。監事監査の実効性を高め、組
織的かつ効率的な監査の実施のために必要である。

④ 　監事会は、経営環境、経営上・事業運営上のリスク、経営方針・
経営計画、内部統制システムの構築・運用の状況等を考慮し、不祥
事を発生させない予防監査、そのためのリスク管理体制やコンプラ
イアンス体制等の整備等、ガバナンスの確立に向けた監査活動の基

本となる監査方針を策定する。作成した監査計画は代表理事及び理事会等において説明する。

Bパターン
公認会計士等の監査を受けている場合（第32条～第33条）
（監査計画及び業務の分担）
第32条

1　監事会は、内部統制システムの構築・運用の状況にも留意のうえ、重要性、適時性その他必要な要素を考慮して監査方針をたて、監査対象、監査の方法及び実施時期を適切に選定し、監査計画を作成する。この場合、監査上の重要課題については、重点監査項目として設定するものとする。

2　監事会は、効率的な監査を実施するため、適宜、公認会計士等及び内部監査部門等との協議又は意見交換を経て、監査計画を作成する。

3　監事会は、組織的かつ効率的に監査を実施するため、監査業務の分担を定める。

4　監事会は、監査方針及び監査計画を代表理事及び理事会に説明する。

5　監査方針及び監査計画は、必要に応じ適宜修正する。

＜解説＞

①　1～5はいずれも必須の規定である。（指針前文）

②　公認会計士等監査を受けている場合の、監事会の監査計画及び業務分担の基本事項に関して総括的に示している。

③　監査方針・監査計画の作成は生協法上には規定されていないが、第8条に定める監事会の職務である。監事監査の実効性を高め、組織的かつ効率的な監査の実施のために必要である。

④　監事会は、経営環境、経営上・事業運営上のリスク、経営方針・

経営計画、内部統制システムの構築・運用の状況等を考慮し、不祥事を発生させない予防監査、そのためのリスク管理体制やコンプライアンス体制等の整備等、ガバナンスの確立に向けた監査活動の基本となる監査方針を策定する。作成した監査計画は代表理事及び理事会等において説明する。

（公認会計士等との連係）

第33条

1　監事は、公認会計士等と定期的に会合をもつなど、緊密な連係を保ち、積極的に意見及び情報の交換を行い、効率的な監査を実施するよう努めなければならない。

2　監事は、公認会計士等から監査計画の概要を受領し、監査重点項目等について説明を受け、意見交換を行うとともに、事業報告及びその附属明細書の内容の確認等に係るスケジュールについても確認のうえ調整に努める。

3　監事は、必要に応じて公認会計士等の往査及び監査講評に立ち会うほか、公認会計士等に対し監査の実施経過について、適宜報告を求めることができる。

4　公認会計士等から理事の職務の執行に関して不正の行為又は法令若しくは定款に違反する重大な事実がある旨の報告を受けた場合には、監事は、必要な調査を行い、理事に対して助言又は勧告を行うなど、必要な措置を講じなければならない。

5　監事は、業務監査の過程において知り得た情報のうち、公認会計士等の監査の参考となる情報又は公認会計士等の監査に影響を及ぼすと認められる事項について公認会計士等に情報を提供するなど、公認会計士等との情報の共有に努める。

＜解説＞

①　1～5はいずれも必須の規定である。（指針2(5)）

② 　公認会計士等監査を受けている場合の、連係に関する基本事項を総括的に示している。第2項の「事業報告及びその附属明細書の内容の確認等に係るスケジュールについての確認・調整」は、2020年の監査基準（公認会計士向け）の改訂に伴い、「その他の記載内容に関連する監査人の責任」の規定が置かれたことを受けたものである。

③ 　「監事と公認会計士等との連係」とは、同一の監査対象（決算関係書類及びその附属明細書）に対して、それぞれが独立した立場で監査を行う責務を負っているという自覚を持って、相互の信頼関係を基礎にしながら、適度な緊張感のある協力関係の下で補完しあうことをいう。

④ 　監事は、自ら決算関係書類及びその附属明細書の適正性を監査し、監査意見を形成するにあたり、公認会計士等の監査の方法及び結果の相当性について判断しつつ、公認会計士等の監査結果を参考にする。

　　監事が公認会計士等の監査の方法及び結果の相当性について判断するためには、双方において、必要かつ十分な情報提供と説明を行う必要がある。

　　具体的な方法としては、会合、口頭又は文書による情報交換や、監事による公認会計士等の監査現場への立ち会いなどがある。監事と公認会計士等とで十分協議の上実施し、連係の効果が上がるように努める。

共　通
（内部監査部門等との連係による組織的かつ効率的監査）
第30条（34条）
1 　監事は、組合の業務及び財産の状況の調査その他の監査職務の執行にあたり、内部監査部門等と緊密な連係を保ち、効率的

な監査を実施するよう努めなければならない。

2　監事は、内部監査部門等からその監査計画と監査結果につい
て定期的に報告を受け、必要に応じて調査を求めるものとする。
監事は、内部監査部門等の監査結果を内部統制に係る監事監査
に実効的に活用する。

3　監事は、理事のほか、コンプライアンス所管部門、リスク管
理所管部門、経理部門、財務部門その他内部統制機能を所管す
る部署（本条において「内部統制部門」という。）から内部統
制システムの構築・運用の状況について定期的かつ随時に報告
を受け、必要に応じて説明を求めなければならない。

4　監事会は、各監事からの報告を受けて、理事又は理事会に対
して助言又は勧告すべき事項を検討する。ただし、監事会の決
定は各監事の権限の行使を妨げるものではない。

＜解説＞

①　1～4はいずれも必須の規定である。（指針2(4)）

②　内部監査部門等との連係に関する基本事項を総括的に示してい
る。

（理事会への出席・意見陳述）

第31条（35条）

1　監事は、理事会に出席し、かつ、必要があると認めたときは、
意見を述べなければならない。

2　監事は、理事が不正の行為をし、若しくは当該行為をするお
それがあると認めたとき、又は法令若しくは定款に違反する事
実若しくは著しく不当な事実があると認めたときは、遅滞なく、
その旨を理事会に報告しなければならない。

3　監事は、理事会に前項の報告をするため、必要があると認め

たときは、理事会の招集を請求しなければならない。また、請求後、一定期間内に招集の通知が発せられない場合は、自らが招集することができる。

4　監事は、理事会議事録に議事の経過の要領及びその結果、その他法令で定める事項が適切に記載されているかを確かめ、出席した監事は、署名又は記名押印しなければならない。

＜解説＞

①　１～４はいずれも必須の規定である。（法第30条の３③　第30条の５③　会法第383条①②③準用）

②　監事は、理事会には出席しなければならないし、必要があるときは意見を述べなければならない。これは監事の権限であるとともに義務である。必要があるにもかかわらず、監事が意見を述べないときは、監事の任務懈怠となる。意見を述べる場合、できれば監事会で事前に十分審議する。員外監事及び有識者監事は客観的・第三者的立場からの発言が期待される。

③　理事会への出席は監事の最も基本的な監査の方法であり、以下を監査する。

・　理事会では、善管注意義務を尽くして業務の意思決定をしているか。

・　理事会は、代表理事等の業務執行（善管注意義務・忠実義務の履行を含む）を適切に監督しているか。

④　監事は、理事が決議や審議に際して、善管注意義務・忠実義務の履行に問題がないかという観点から判断し、これらの義務に反するような意思決定、業務執行を行うときには意見を述べ、助言・勧告をしなければならない。

⑤　２～３は、監事による理事の違法行為の事前阻止に関わる権限である。

（理事会の書面決議）

第32条（36条）

　　理事が理事会の決議の目的である事項について法令の規定に従い当該決議を省略しようとしている場合には、監事は、その内容（理事会の決議を省略することを含む）について審議し、必要があると認めたときは、異議を述べなければならない。

＜解説＞

① 　必須の規定である。（法第30条の6）

② 　理事会の決議の省略は、理事、監事とも議論の必要がない案件で、緊急のため定例の理事会を待ついとまがない、といった特殊な場合を想定した制度である。監事が1人でも異議を述べた場合は認められない。

③ 　監事会で集団的に審議し、監事は提案されている案件に関し、監事間で省略の可否を審議し、異議を述べるか審議する。ただし各監事の権限行使は妨げない。

（重要な会議等への出席）

第33条（37条）

1 　監事は、理事会のほか、重要な意思決定の過程及び職務の執行状況を把握するためその他の重要な会議又は委員会に出席し、必要があると認めたときは意見を述べなければならない。

2 　前項の監事が出席する会議に関して、監事の出席機会が確保されるよう、監事は、理事等に対して必要な要請を行うものとする。

3 　第1項の会議又は委員会に出席しない監事は、当該会議等に出席した監事又は理事若しくは職員等から、付議事項についての報告又は説明を受け、関係資料を閲覧する。

<解説>

① 1〜3はいずれも必須の規定である。(法第30条の3　施規第58条②より敷衍　指針２(1))

② 監事は監査のため必要と認められるすべての会議に出席できるが、効率的な監査を遂行する観点から、出席する重要会議は、監事体制、組合の状況に応じて選定し、全員又は監事間で分担した監事が出席する。

・ 常勤監事は、原則としてすべての重要会議に出席し、会議の状況及び提案された資料等について、監事会等を通じて他の監事に報告等を行い、共有化に努める。

・ 非常勤監事は、監査計画策定時の役割分担に応じて出席し、出席しない場合は、出席した監事又は理事・監事スタッフから、会議の議事録等により説明を受け、資料等を閲覧する。

(文書・情報管理の監査)

第34条（38条）

1　監事は、主要な稟議書その他業務執行に関する重要な書類を閲覧し、必要があると認めたときは、理事又は職員等に対しその説明を求め、又は意見を述べなければならない。

2　監事は、所定の文書・規程類、重要な記録その他の重要な情報が適切に整備され、かつ、保存及び管理されているかを調査し、必要があると認めたときは、理事又は職員等に対し説明を求め、又は意見を述べなければならない。

<解説>

① 1〜2はいずれも必須の規定である。(法第30条の3　会法381条②準用)

② 重要な書類等は、組合の状況に応じて選定する。監事が閲覧する重要書類は、自動的に回付されるよう要請し、仕組みを構築する。

③　監事は、文書・情報保存管理体制が、「個人情報・機密情報漏洩」「開示情報の欠落」等の予想されるリスクに対応しているかどうか判断する。

④　閲覧する書類は、重要な決裁書類（稟議書等）、重要な会議の議案書・議事録、重要な契約書、訴訟関係書類、等。

（組合の開示情報の監査）

第35条（39条）

1　監事は、開示される組合情報の透明性と信頼性を確保するために、理事が適切な情報作成及び情報開示の体制を構築し、明確な情報開示基準を制定し運用しているかを監視し検証しなければならない。

2　監事は、組合が開示する情報につき、担当理事又は職員等に対しその重要事項について説明を求めるとともに、開示される情報に重要な誤りがなく、かつ、内容が誤解を生ぜしめるものでないかを検証しなければならない。

3　監事は、重大な事故又は災害、重大な係争事件など、組合の健全性に重大な影響のある事項について、理事が情報開示を適時適切な方法により、かつ、十分に行っているかを監視し検証しなければならない。

＜解説＞

①　1～3はいずれも必須の規定である。（法第30条の3　会法381条②準用）

②　事業体においては、重要な書類について事務所に備え置き、利害関係者に閲覧させることを義務づけられているのが通例である。組合も同様で、法定で定められた書類について備え置き、開示を拒む正当な理由がない限り、組合員や債権者の請求に応じて開示しなければならない。

③　監事は、法定の日常開示情報とともに、重大な事故発生時の情報開示・公告等を監査する。

④　監事は、開示すべき書類につき、情報保存管理体制その他内部統制システムの整備に問題ないか監視し検証する。個人情報管理等の状況には特に留意し監査する。

⑤　開示が義務づけられている書類は、組合員名簿、定款・規約、理事会議事録、決算関係書類等、総(代)会議事録、総代名簿である。

（理事及び職員等に対する調査等）

第36条（40条）

1　監事は、理事及び職員等に対し事業の報告を求め、又は組合の業務及び財産の状況を調査する。

2　監事は、必要に応じ、ヒアリング、往査その他の方法により調査を実施し、十分に事実を確かめ、監査意見を形成するうえでの合理的根拠を求めなければならない。

＜解説＞

①　1～2はいずれも必須の規定である。（法第30条の3③　施規第58条②　会法第381条②準用）

②　定例・臨時的に入手した情報の信憑性を確かめる。理事の業務執行の検証のため必要に応じてヒアリング、往査等の調査を行う。この場合、内部監査部門等の監査結果等を参考にする。

（組合財産の調査）

第37条（41条）

1　監事は、重要な組合財産の取得、保有及び処分の状況について調査しなければならない。

2　監事は、理事が組合の資産及び負債を適切に管理しているか

を調査しなければならない。

　3　監事は、組合財産の実質価値の把握に努めるよう心掛ける。

＜解説＞

①　1〜3はいずれも必須の規定である。（法第30条の3③　施規第
　58条②　会法第381条②準用）

②　重要財産（金銭、有価証券、商品、原材料、土地・建物、設備備
　品等）の取得、保全、運用、売却、除却、廃棄等が、法令及び組合
　諸規程に従い、適正に処理されていることを確認する。

③　必要に応じて、貸借対照表科目の資産が実在しているか、負債が
　網羅されているか、評価の方法が妥当かなど、組合財産の実質価値
　の把握を行う。

（組合集団の調査）

第38条（42条）

　1　監事は、理事及び職員等から、子会社等の管理の状況につい
　　て報告又は説明を受け、関係書類を閲覧する。

　2　監事は、その職務の執行にあたり、子会社等の監査役、内部
　　監査部門等及び公認会計士等と積極的に意思疎通及び情報の交
　　換を図るように努めなければならない。

　3　監事は、その職務を行うため必要があるときは、子会社等に
　　対し事業の報告を求め、又はその業務及び財産の状況を調査し
　　なければならない。

＜解説＞

①　1〜3はいずれも必須の規定である。（法第30条の3③　会法第
　381条準用）

②　組合集団とは、組合及び子会社等をいう。子会社等（法第53条
　の2②）は、子法人等（施規第210条②）及び関連法人等（施規第

210条③）をいう。

③　子会社等の業績は組合の業績に反映され、子会社等の不祥事は組合に対する社会的信頼を揺るがし、さらに子会社等の健全な成長は組合経営上の重要な課題であるなど、子会社等の運営状況は組合に大きな影響を与える。子会社等の管理は内部統制システムに係る理事会の決議事項の１項目であり、その整備は代表理事及び理事会の責務である。

④　監事の子会社等の調査は、理事の職務執行の監査のため、子会社等を管掌する理事及び職員からの報告聴取が基本となる。その場合、加えて、子会社等の監査役等との連係に努めるとともに、監事の職務を行うため必要があるときは、子会社等から直接事業の報告を求め、又は調査する。

⑤　規定にはないが、事業連合は、組合集団には含まれないものの、組合の経営に大きな影響を持つ。監事の職務を行うため必要がある場合は、事業連合から報告を求め、調査を行うことが望ましい。

第8章　組合員代表訴訟への対応

（理事と組合間の訴えの代表）

第39条（43条）

　　監事は、組合が理事に対し又は理事が組合に対し訴えを提起する場合には、組合を代表しなければならない。

＜解説＞

①　必須の規定である。（法第30条の3③　会法第386条準用）

②　通常、組合においては、理事会が組合の意思決定を行い、また代表理事の職務執行を監督する。しかし理事と組合間の訴えの場合（退任した理事と組合との訴えの場合を含む）には、監事が組合を代表する。

（理事の責任の一部免除に関する同意）

第40条（44条）

1　理事の責任の一部免除に関する議案を総(代)会に提出することに対する監事の全員の同意を行うにあたり、監事は、責任の一部免除の理由、監事が行った調査結果、当該事案について判決が出されているときにはその内容等を十分に吟味し、かつ、必要に応じて外部専門家の意見も徴して判断を行うものとする。

2　前項の同意の当否判断のために行った監事の調査及び検討の過程と結果については、監事は、記録を作成し保管するものとする。

＜解説＞

①　1～2はいずれも必須の規定である。（法第31条の3⑥　第42条）

②　理事は、その義務を怠ったときは、組合に対して、これによって

生じた損害を賠償する責任を負い、原則として総組合員の同意がなければ免除されない。ただし、理事が職務を行うにつき善意で、かつ、重大な過失がないときは、総(代)会の特別決議により、賠償責任を負うべき額から、「責任を負うべき最低限の額」になるまで免除できる。

③　理事の責任の一部免除に関する議案提出には、監事全員の同意が必要である。

④　監事は、同意の当否の判断のために行った調査及び検討の過程と結果について記録を作成し保管する。

（組合員代表訴訟の提訴請求の受領、不提訴理由の通知）

第41条（45条）

1　監事は、理事に対しその責任を追及する訴えを提起するよう組合員から請求を受けた場合には、速やかに他の監事に通知するとともに、他の監事とその対応を十分に審議のうえ、提訴の当否について判断しなければならない。

2　前項の提訴の当否判断にあたって、監事は、被提訴理事のほか関係部署から状況の報告を求め、又は意見を徴するとともに、関係資料を収集し、外部専門家から意見を徴するなど、必要な調査を適時に実施しなければならない。

3　監事は、第1項の判断結果について、理事会及び被提訴理事に対して通知する。

4　第1項の判断の結果、責任追及の訴えを提起しない場合において、提訴請求組合員又は責任追及の対象となっている理事から請求を受けたときは、監事は、当該請求者に対し、遅滞なく、次に掲げる事項を記載した書面を提出し、責任追及の訴えを提起しない理由を通知しなければならない。この場合、監事は、外部専門家の意見を徴したうえ、他の監事との審議を経て判断

する。
① 　監事が行った調査の内容（次号の判断の基礎とした資料を含む）
② 　被提訴理事の責任又は義務の有無についての判断
③ 　被提訴理事に責任又は義務があると判断した場合において、責任追及の訴えを提起しないときは、その理由
5 　監事は、提訴の当否判断のために行った調査及び審議の過程と結果について、記録を作成し保管するものとする。

＜解説＞

① 　1～5はいずれも必須の規定である。（法第30条の3③　第31条の8　会法第847条準用）
② 　理事と組合間の訴えの場合には、提訴権は一義的に監事にある。しかし監事も組合内部の人間であるため、理事との個人的な関係などからこれを怠る可能性も考えられる。このため、組合員が組合を代表して役員の責任を追及する訴訟を提起できるようになっている。
・ 　6ヶ月前から引き続き加入している組合員は、理事、監事がその義務を怠ったことによって生じた組合の損害を賠償する責任を追及する訴えの提起を請求することができる。
・ 　組合が、提訴請求を受領した日の翌日から起算して60日以内に責任追及の訴えを提起しないときは、提訴請求組合員は組合のために責任追及等の訴えを提起することができる。
・ 　組合員からの提訴請求が、「理事」の責任を追及する訴えのものである場合は、監事が組合を代表して対応する。
③ 　監事としての事前準備
　　万一提訴請求を受けた場合に備えて、あらかじめ監事会において検討の上、監事会としての「代表訴訟対応の手順書」等を作成しておく。
④ 　監事が行うべきこと

- 60日の期限到来前に、提訴対象事実についての調査結果を評価し、弁護士等の専門家の意見を十分反映し、監事会において提訴の当否について審議し、判断する。提訴の当否の判断結果を、理事会及び被提訴理事に通知する。
- 不提訴理由通知書作成にあたり以下の点に留意する
  a　公表されることを前提に作成する。（機密事項は記載しない）
  b　組合員代表訴訟になった場合、証拠提出され、裁判所の心証に影響を与える。
  c　「判断の基礎とした資料の標目」として記載した資料は文書提出命令の対象となる可能性が高くなる。
- 組合員が代表訴訟を提起したときは、組合員は遅滞なく組合に対して訴訟告知しなければならず、組合は組合員から訴訟告知を受けたときは、又は組合が責任追及の訴えを提起したときは、遅滞なく、その旨を公告し、又は組合員に通知する。監事が組合を代表するので、監事は公告又は組合員に対する通知の内容について検討する。
- 後で判断の可否を問われた場合に説明できるよう、一連の経過について記録を作成、保管する。

（補助参加の同意）

第42条（46条）

　　組合員代表訴訟において組合が被告理事側へ補助参加することに対する監事の全員の同意の当否判断にあたって、監事は、代表理事、被告理事及び関係する理事のほか関係部署から状況の報告を求め、又は意見を徴し、必要に応じて外部専門家からも意見を徴するものとする。監事は、補助参加への同意の当否判断の過程と結果について、記録を作成し保管するものとする。

＜解説＞

① 　必須の規定である。(法第31条の８　会法第847条　第849条準用)

② 　組合は、被告となった理事を補助するため、組合員代表訴訟に参加することができるが、その場合、理事と組合との間で利益相反の可能性があるため、監事全員の同意が必要である。

③ 　補助参加について監事会で協議し、同意の当否を判断し、当否判断の記録を作成・保管する。

（組合が原告となる責任追及訴訟における和解）

第43条（47条）

１ 　監事は、組合が理事等の責任を追及する訴えに係る訴訟における和解の同意に際し、監事会にて協議を行う。

２ 　前項の和解への同意の当否判断に当たって、監事は、代表理事、被告理事及び関係する理事のほか関係部署から状況の報告を求め、又は意見を徴し、必要に応じて外部専門家からも意見を徴するものとする。監事は、和解への同意の当否判断のために行った調査及び協議の過程と結果について、記録を作成し保管するものとする。

＜解説＞

① 　必須の規定である。（法第31条の８　会法第849条の２準用）

② 　2019年生協法改正により、組合が提起した理事・元理事の責任追及訴訟で和解する場合の手続きに関する規定が設けられたことを受けて新設された。

③ 　理事・元理事と組合の間の訴訟については監事が組合を代表するが、その訴訟で和解が成立した場合、和解の効力が組合に及ぶため、同一案件に関して別の監事が別の訴訟で争うことはできなくなる。そうした問題を生じないようにするため、和解にあたっては監事全員の同意が必要になる。

④　監事は、訴訟上の和解の当否判断の根拠資料の記録を作成・保管
　する。

（組合員代表訴訟における訴訟上の和解に対する異議の判断）
第44条（48条）
　1　監事は、組合員代表訴訟について原告組合員と被告理事との
　　間で訴訟上の和解を行う旨の通知及び催告が裁判所からなされ
　　た場合には、速やかに他の監事とその対応を十分に審議し、和
　　解に異議を述べるかどうかを判断しなければならない。
　2　前項の訴訟上の和解の当否判断にあたって、監事は、代表理
　　事、被告理事及び関係する理事のほか関係部署から状況の報告
　　を求め、又は意見を徴し、必要に応じて外部専門家からも意見
　　を徴するものとする。監事は、訴訟上の和解の当否判断の過程
　　と結果について、記録を作成し保管するものとする。

＜解説＞

①　1～2はいずれも必須の規定である。（法第30条の3③　法第31
　条の8　会法第847条　第850条準用）

②　監事は、裁判所から和解の通知及び催告を受けた場合、監事会に
　おいて審議し、和解の当否を判断する。監事が和解の通知及び催告
　を受領した日から2週間以内に書面により異議を述べなかったとき
　は、通知した内容で和解することを承認したものとみなされる。こ
　の場合、組合は重ねて提訴はできない。監事の独任制の主旨から、
　単独でも異議を唱えることができる。

③　監事は、訴訟上の和解の当否判断の根拠資料の記録を作成・保管
　する。

④　本条は、組合員が組合に代わって役員責任追及訴訟を提起した場
　合の規定であるが、前条（第43条（47条））の新設との関係で、題
　名に本条の要旨を盛り込んでいる。

第9章 監査の報告

（監査内容等の報告・説明）

第45条（49条）

　　監事は、監査活動及び監査結果に対する透明性と信頼性を確保するため、自らの職務遂行の状況や監査の内容を必要に応じて説明することが監事の重要な責務であることを、自覚しなければならない。

＜解説＞

① 必須の規定である。（法第29条の２から敷衍）

② 監事の受任義務である監査報告作成・提出についての総括規定。

③ 監査報告書への意見の記載は監事の義務であり権限でもある。

（監査調書の作成）

第46条（50条）

　　監事は、監査調書を作成しておかなければならない。当該監査調書には、監事が実施した監査方法及び監査結果、並びにその監査意見の形成に至った過程及び理由等を記録する。

＜解説＞

① 必須の規定である。

② 監査調書の作成は法的に義務づけられてはいないが、監査の中核をなす重要な書類である。監査調書は、自己の監査実績の記録であると同時に、他の監事及び監事会に報告するための文書であり、監事間で情報を共有し、各監事が必要に応じ参照する共有の記録となるため、次の事項を記載し保管する。

a 監査実施年月日

b 監査対象先、対応者

c　監査担当者

d　実施した監査方法（報告聴取・資料閲覧・立ち会い・視察等）

e　監査結果・指摘事項・所見等

f　監査意見の形成に至った過程・理由等

g　その他補足説明

③　監査調書は、他の監事にも確認を得た上で、押印の上、文書として残し、10年保管する。

（代表理事及び理事会への報告）

第47条（51条）

1　監事は、監査の実施状況とその結果について、定期的に代表理事及び理事会に報告する。

2　監事は、その期の重点監査項目に関する監査及び特別に実施した調査等の経過及び結果を代表理事及び理事会その他関係する理事に報告し、必要があると認めたときは、助言又は勧告を行うほか、状況に応じ適切な措置を講じなければならない。

＜解説＞

①　1～2いずれも必須の規定である。（法第29条の2から敷衍）

②　監事が、監査の結果に基づき、代表理事その他の関係者に適時・適切に報告、助言・勧告等の必要な措置を講じることは、監事の善管注意義務でもある。

③　監事会で各監事からの報告と共有、重大事項の十分な審議を行った上、必要に応じ文書化し報告することが望ましい。

（監査報告の作成・通知）

第48条（52条）

1　監事は、決算関係書類及び事業報告書並びにこれらの附属明

細書を監査して、監査結果を監事会に報告する。

2　監事は、監査結果を監事会に報告するにあたり、理事の法令又は定款違反行為及び後発事象の有無等を確認したうえ、監事会に報告すべき事項があるかを検討する。

3　監事は、監事の報告した監査結果に基づき、監事会において審議のうえ、監査意見の一致が図れた場合は監事連名の監査報告書を作成することができる。一致が図れなかった場合は、各監事において監査報告書を作成する。また、監査報告書には、作成期日を記載し、作成した監事が署名又は記名押印する。

4　特定監事は、決算関係書類及び事業報告書並びにこれらの附属明細書に係る監査報告の内容を特定理事に通知する。

5　前項において、特定監事は、決算関係書類及び事業報告書並びにこれらの附属明細書に係る監査報告の内容を、決算関係書類及び事業報告書の全部を受領した日から四週間を経過した日までに特定理事に通知できない場合には、特定理事との間で通知すべき日を伸長する合意をすることができる。

＜解説＞

①　1～5はいずれも必須の規定である。（法第30条の3②　施規第131条　第132条　第133条　第143条）

②　監事は監査報告を作成しなければならないが、これは1年間の監査結果を組合員等に対して報告するもので、監事にとって極めて重要なものである。

③　各監事は、1年間の監査業務を整理し、監査報告の裏づけとなる監査調書等をもとに監査結果をとりまとめ、監事会に報告する。監事会では、各監事の監査結果の報告に基づき、十分に審議する。

> **（総(代)会への報告・説明等）**
>
> 第49条（53条）
>
> 1　監事は、総(代)会に提出される議案及び書類について法令若しくは定款に違反し又は著しく不当な事項の有無を調査し、当該事実があると認めた場合には、総(代)会において意見を報告しなければならない。また、監事は、監事の説明責任の観点から、必要に応じて総(代)会において自らの意見を述べるものとする。
>
> 2　監事は、総(代)会において組合員が質問した事項については、議長の議事運営に従い説明する。
>
> 3　監事は、総(代)会議事録に議事の経過の要領及びその結果、その他法令で定める事項が適切に記載されているかを確かめる。

＜解説＞

①　1～3はいずれも必須の規定である。（法第30条の3③　会法第384条準用）

②　1は総(代)会に提出される議案書及び書類についての規定。総(代)会に提出される議案書及び書類の調査は監事の義務である。

③　「監事の説明責任の観点から」とは、「法的な意味での説明責任を果たす」（＝責任解除）という意味ではなく、監事が調査結果について、必要に応じて説明を尽くすという一般的な意味である。

④　2は総(代)会における監事の対応規定。監事は事前の地区別総代会議等で出された意見について、想定問答の準備をし、答弁者を決めておく。

監事の監査報告文例の設定にあたって

1　この文例は、監事が生協法に定める監査報告を作成する際の参考に供する目的で、その様式、用語を示すものである。なお、法令上は「監査報告」であるが、実務における慣行に則って本文例は「監査報告書」と表記している。もちろん「監査報告」と表示することもできる。

　　文例は、「公認会計士の監査を受けていない組合の監事の監査報告」「任意監査として公認会計士又は監査法人の監査を受けている組合の監事の監査報告」の2種類である。

　　本来、監査報告は、各組合の監査の実情に基づいて作成するものである。監事は、生協法及び生協法施行規則に従い、監査の実態を正確に反映した監査報告を作成することが強く求められる。

　　なお、本文例は、組合員に提供される監査報告であり、各監事が監事会等に対して監査結果を文章により報告する場合は、この文例による必要はなく、任意に作成して差し支えない。

2　監事が作成する監査報告については、法令上、「事業報告書に係る監査報告」と「決算関係書類に係る監査報告」の作成について、それぞれ別個の規定が設けられている。しかし、監事による監査は、事業報告書に係る監査と決算関係書類に係る監査とが相互に密接に関係しており、かつ、多くの共通性を有している。そのため、本文例では、「事業報告書に係る監査報告」と「決算関係書類に係る監査報告」をまとめて作成する方法を基本的な作成方法として採用することとした。

3　監事会は生協法に規定がなく、したがって監事会に監査報告の作成権限はない。2種類の監査報告文例の作成者はいずれも監事である。各監事は監査結果を監事会に報告する。監事会では各監事の監査結果を審議し、意見の一致を図れた場合には監事連名で1通の監

査報告書を作成する。意見の一致が図れなかった場合には各監事が
監査報告書を作成する。

4　監事が作成すべき監査報告の記載内容は、生協法施行規則第131
条、第132条によって規定されており、具体的な記載内容は下記の
通りである。

〈監事の監査報告の記載内容〉（生協法施行規則第131条、第132条）

1　監事の監査の方法及びその内容

2　事業報告書及びその附属明細書が法令又は定款に従い当該組
合の状況を正しく示しているかどうかについての意見

3　当該組合の理事の職務の遂行に関し、不正の行為又は法令若
しくは定款に違反する重大な事実があったときは、その事実

4　決算関係書類（剰余金処分案又は損失処理案を除く。）及び
その附属明細書が当該組合の財産及び損益の状況をすべての重
要な点において適正に表示しているかどうかについての意見

5　剰余金処分案又は損失処理案が法令又は定款に適合している
かどうかについての意見

6　剰余金処分案又は損失処理案が当該組合の財産の状況その他
の事情に照らして著しく不当であるときは、その旨

7　監査のため必要な調査ができなかったときは、その旨及びそ
の理由

8　追記情報（監事が説明又は強調する必要があると判断した場
合に記載する。）

　（1）会計方針の変更

　（2）重要な偶発事象

　（3）重要な後発事象

9　監査報告を作成した日

　ここに示す文例は、この厚生労働省令の規定に準拠して作成
したものである。

5　監査報告における「監査の方法及びその内容」については、監査の信頼性を正確に判断できるように配慮しながら、監事が実際に行った監査の方法について明瞭かつ簡潔に記載しなければならない。本文例において、通常実施されていると思われる方法及びその内容を示している。ただし、「監査の方法及びその内容」は、各組合の組織、内部統制システムの整備状況、監事の職務分担の違い等により多様なものであることが予想される。本文例では、多様な記載が予想される該当箇所及び留意が必要な該当箇所に注記を付し、適宜解説を加えているので、それら注記等を参考として監査報告を作成されたい。

　　監査報告は監事の善管注意義務の履行を前提として作成されるものであることはいうまでもない。監事は、当該義務を果たしたことを裏づけるために、監査の基準等を明確にし、監査の記録・監事会の議事録等を整備しておかなければならない。

6　『旧生協監事監査ハンドブック』所収の『生協監事監査実施要領』の参考資料として示されている『内部統制システムに関する理事会決議を行った組合の監事の監査報告文例』は、前1項に示した2種類の文例の中で、「監査の方法及びその内容」には反映させたが、監査の結果については取り入れていない。

　　生協法では内部統制に関する監査結果の報告を求めていない。本モデルの監査報告文例に示すと、記載しなければならないと受け止められかねないおそれがある。一方、実施要領で示されている内部統制システムに関わる監査は、多岐にわたる監査の実施を求めている。監査報告に監査結果を記載する上では、ここに示された監査の内容及び判断基準を十分に理解し、一定の水準の監査実態が形成されていることが求められる。監査の実態を踏まえ、内部統制システムの監査の結果を監査報告に記載することは、各組合監事の主体的な判断による。

組合員に対して提供される監査報告文例

1 公認会計士等の監査を受けていない組合の監事の監査報告

監 査 報 告 書

　私たち監事は、○年○月○日から○年○月○日までの第○期事業年度の理事の職務の執行を監査いたしました。その方法及び結果につき以下のとおり報告いたします。[注1]

1　監査の方法及びその内容[注2]

　監事会は、監査の方針、職務の分担等を定め、各監事から監査の実施状況及び結果について報告を受けるほか、理事等からその職務の執行状況について報告を受け、必要に応じて説明を求めました。[注3]

　各監事は、監事会の定めた監査の基準[注4]に準拠して、他の監事と意思疎通及び情報交換を図るほか、監査方針、職務の分担等[注5]に従い、理事、内部監査部門等[注6]その他の職員等と意思疎通を図り、情報の収集及び監査の環境の整備に努めるとともに、理事会その他重要な会議に出席し、理事及び職員等からその職務の執行状況について報告を受け、必要に応じて説明を求め、重要な決裁書類等を閲覧し、本部及び主要な事業所において業務及び財産の状況を調査いたしました。また、理事の職務の執行が法令及び定款に適合することを確保するための体制その他組合業務の適正を確保するために必要な体制の整備に関する理事会決議の内容及び当該決議に基づいて整備されている体制（内部統制システム）の構築・運用の状況ついて定期的に報告を受け、必要に応じて説明を求めました。[注7]

　子会社等[注8]については、子会社等の取締役及び監査役等

と意思疎通及び情報の交換を図り、必要に応じて子会社等から事業の報告を受けました。以上の方法に基づき、当該事業年度に係る事業報告書及びその附属明細について検討いたしました。

　さらに、会計帳簿又はこれに関する資料の調査を行い、当該事業年度に係る決算関係書類（貸借対照表、損益計算書、剰余金処分案）及びその附属明細書について検討いたしました。

2　監査の結果 ^(注9)

(1) 事業報告書等の監査結果 ^{(注16)(注17)(注18)(注19)}

　一　事業報告書及びその附属明細書は、法令及び定款に従い、組合の状況を正しく示しているものと認めます。

　二　理事の職務の執行 ^(注10) に関する不正の行為又は法令若しくは定款に違反する重大な事実は認められません。

(2) 決算関係書類（剰余金処分案を除く）及びその附属明細書の監査結果

　決算関係書類（剰余金処分案を除く）及びその附属明細書は、組合の財産及び損益の状況をすべての重要な点において適正に表示しているものと認めます。

(3) 剰余金処分案の監査結果

　剰余金処分案は法令及び定款に適合し、かつ、組合財産の状況その他の事情に照らして指摘すべき事項は認められません。

3　追記情報（記載すべき事項がある場合） ^(注11)

　　　○年○月○日 ^(注12)

　　　　　　　　　　　　○○生活協同組合

　　　　　　　　　　　　監事○○○○　　印

　　　　　　　　　　　　監事○○○○　　印

　　　　　　　　　　　　（自署） ^(注13)

2 任意監査として公認会計士等の監査を受けている組合の監事の監査報告

監 査 報 告 書

　私たち監事は、○年○月○日から○年○月○日までの第○期事業年度の理事の職務の執行を監査いたしました。その方法及び結果につき以下のとおり報告いたします。^(注1)

1 監査の方法及びその内容^(注2)

　監事会は、監査の方針、職務の分担等を定め、各監事から監査の実施状況及び結果について報告を受けるほか、理事等及び公認会計士^(注14)からその職務の執行状況について報告を受け、必要に応じて説明を求めました。^(注3)

　各監事は、監事会の定めた監査の基準^(注4)に準拠して、他の監事と意思疎通及び情報交換を図るほか、監査方針、職務の分担等^(注5)に従い理事、内部監査部門等^(注6)その他の職員等と意思疎通を図り、情報の収集及び監査の環境の整備に努めるとともに、理事会その他重要な会議に出席し、理事及び職員等からその職務の執行状況について報告を受け、必要に応じて説明を求め、重要な決裁書類等を閲覧し、本部及び主要な事業所において業務及び財産の状況を調査いたしました。また、理事の職務の執行が法令及び定款に適合することを確保するための体制その他組合業務の適正を確保するために必要な体制の整備に関する理事会決議の内容及び当該決議に基づいて整備されている体制（内部統制システム）の構築・運用の状況について定期的に報告を受け、必要に応じて説明を求めました。^(注7)

　子会社等^(注8)については、子会社等の取締役及び監査役等と意思疎通及び情報の交換を図り、必要に応じて子会社等から

事業の報告を受けました。以上の方法に基づき、当該事業年度に係る事業報告書及びその附属明細書について検討いたしました。

さらに、会計帳簿又はこれに関する資料の調査を行い、当該事業年度に係る決算関係書類（貸借対照表、損益計算書、剰余金処分案）及びその附属明細書について検討いたしました。また公認会計士^(注14)の監査の方法及び結果の相当性を判断し、参考にしました。^(注15)

以上の方法に基づき、当該事業年度に係る決算関係書類（貸借対照表、損益計算書、剰余金処分案）及びその附属明細書について検討いたしました。

2　監査の結果^(注9)

(1) 事業報告書等の監査結果^{(注16)(注17)(注18)(注19)}

一　事業報告書及びその附属明細書は、法令及び定款に従い、組合の状況を正しく示しているものと認めます。

二　理事の職務の執行^(注10)に関する不正の行為又は法令若しくは定款に違反する重大な事実は認められません。

(2) 決算関係書類（剰余金処分案を除く）及びその附属明細書の監査結果

　決算関係書類（剰余金処分案を除く）及びその附属明細書は、組合の財産及び損益の状況をすべての重要な点において適正に表示しているものと認めます。

(3) 剰余金処分案の監査結果

　剰余金処分案は法令及び定款に適合し、かつ、組合財産の状況その他の事情に照らして指摘すべき事項は認められません。

3　追記情報（記載すべき事項がある場合）^(注11)

　　　〇年〇月〇日 ^(注12)

　　　　　　　　　　　〇〇生活協同組合

　　　　　　　　　　　常勤監事〇〇〇〇　　印 ^(注20)

　　　　　　　　　　　員外監事〇〇〇〇　　印

　　　　　　　　　　　監事　　　〇〇〇〇　　印

　　　　　　　　　　　　　　　（自署）^(注13)

注1　監事の監査意見が異なるときは、各監事が監査報告を作成することに留意する。

注2　「監事の監査の方法及びその内容」については、監事が実際に行った監査について、概要ではなく、より具体的な方法・内容の記載を要することに留意する。文例上記載されている事項であっても、実際に実施していない監査方法については監査報告に記載できない。

注3　監事会で行ったことを具体的に記載する。

注4　「監査の基準」については、各組合で定めている基準の名称に置き換える。基準を定めていない場合は、「監事の定めた監査の基準に準拠して、」の箇所は省く。

注5　各監事の職務分担を含めた監査計画を策定している場合には、監査上の重要性を勘案し、「職務の分担」に代えて、「監査計画」と記載することが考えられる。

注6　「内部監査部門等」とは、内部監査部門その他内部統制におけるモニタリング機能を所管する部署を言う。

注7　理事会の決議に基づいて整備される内部統制システムの構築・運用に関する監査の実施内容について具体的に記載する。決議を行っていない場合は「…必要な体制整備の状況について報告を受け」などの表記が考えられる。

注8　「子会社等」については、組合により規定の仕方（名称）が異

なる場合が考えられるので、各組合の監事監査規則において定められた名称に置き換える。

注9　「監査の結果」の項に関して指摘すべき事項がある場合には、その旨とその事実について明瞭かつ簡潔に記載する。なお、監査のために必要な調査ができなかったときは、その旨及びその理由を該当する項に記載する。

注10　理事の職務の執行に関する不正の行為又は法令若しくは定款に違反する重大な事実を認めた場合には、その事実を具体的に記載する。「職務の執行」は、法令上の文言に従って「職務の遂行」（生協法施行規則第132条第3号）と記載することも考えられる。

注11　追記情報とは、「会計方針の変更」、「重要な偶発事象」、「重要な後発事象」、その他の事項のうち、監事の判断に関して、説明を付す必要がある事項又は決算関係書類及びその附属明細書の内容のうち強調する必要がある事項である。（生協法施行規則第131条）

注12　監査報告作成日は、「監査報告を作成した日」として法定記載事項とされていることに留意する。（生協法施行規則第131条第1項7号、第132条5号、第137条7号、第141条5号）

注13　監査報告の真実性及び監査の信頼性を確保するためにも、各監事は自署した上で押印することが望ましい。

注14　監査法人の場合には、監査法人とする。

注15　公認会計士等監査を受けている場合の会計監査の方法について記載する。

注16　内部統制システムに関する理事会決議を行った組合で、監査報告に監査結果を記載する場合には、次に示す事項のすべてを満たしていれば、「理事会決議の内容が相当である」と記載してもよい。

①　当該理事会決議の内容が、会社法第362条第4項第6号並びに同施行規則第100条第1項及び第3項に定める事項を網羅していること。

② 当該理事会決議の内容が、内部統制システムの整備のための規程類、組織体制、実行計画、監視活動等に関する基本方針を含んでいること。含んでいない場合にはその正当な理由があること。

③ 当該理事会決議の内容について、必要な見直しが適宜・適切に行われていること。

④ 監事が助言又は勧告した内部統制システムの不備に関する指摘の内容が、理事会決議において反映されていること。反映されていない場合には正当な理由があること。

注17　内部統制システムに関する理事の職務執行に問題があるときはその旨。

注18　内部統制システムに関する事業報告書への記載に問題があるときはその旨及びその理由を具体的に記述することが求められる。

注19　なお、期中あるいは直前期において重大な不祥事が生じた場合には、その事実及び原因究明並びに再発防止策の状況は、多くの場合、事業報告書においても記載すべき重要な事項であると考えられる。監事としては、以下に関して意見を述べる。

① 事業報告書における記載内容が適切であるかどうか。

② 再発防止に向けた業務執行の状況が理事の善管注意義務に照らして問題等が認められないか。

注20　「常勤監事」、「員外監事」の表示方法については、「監事（常勤）」、「監事（員外）」と表示することも考えられる。

（その他）

　　　期中に監事が欠けた場合等は、監査報告書にその事実を具体的に注記する。

監査報告文例の箇条書きバージョン

1　任意監査として公認会計士等の監査を受けている組合の監事の監査報告

監 査 報 告 書

　私たち監事は、〇年〇月〇日から〇年〇月〇日までの第〇期事業年度の理事の職務の執行を監査いたしました。その方法及び結果につき以下のとおり報告いたします。[注1]

1　監査の方法及びその内容 [注2]

(1) 監事会は、監査の方針、職務の分担等を定め、各監事から監査の実施状況及び結果について報告を受けるほか、理事等及び公認会計士[注14]からその職務の執行状況について報告を受け、必要に応じて説明を求めました。[注3]

(2) 各監事は、監事会の定めた監査の基準[注4]に準拠して、他の監事と意思疎通及び情報交換を図るほか、監査方針、職務の分担等[注5]に従い理事、内部監査部門等[注6]その他の職員等と意思疎通を図り、情報の収集及び監査の環境の整備に努めるとともに、以下の方法で監査を実施しました。

　① 理事会その他重要な会議に出席し、理事及び職員等からその職務の執行状況について報告を受け、必要に応じて説明を求め、重要な決裁書類等を閲覧し、本部及び主要な事業所において業務及び財産の状況を調査いたしました。また、子会社等[注8]については、子会社等の取締役及び監査役等と意思疎通及び情報の交換を図り、必要に応じて子会社等から事

業の報告を受けました。

②　理事の職務の執行が法令及び定款に適合することを確保するための体制その他組合業務の適正を確保するために必要な体制の整備に関する理事会決議の内容及び当該決議に基づいて整備されている体制（内部統制システム）の構築・運用の状況について定期的に報告を受け、必要に応じて説明を求めました。^(注7)

③　会計帳簿又はこれに関する資料の調査を行い、当該事業年度に係る決算関係書類（貸借対照表、損益計算書、剰余金処分案）及びその附属明細書について検討いたしました。また公認会計士^(注14)の監査の方法及び結果の相当性を判断し、参考にしました。^(注15)

以上の方法に基づき、当該事業年度に係る事業報告書及び決算関係書類（貸借対照表、損益計算書、剰余金処分案）並びにそれらの附属明細書について検討いたしました。

2　監査の結果^(注9)

(1) 事業報告書等の監査結果^{(注16)(注17)(注18)(注19)}

一　事業報告書及びその附属明細書は、法令及び定款に従い、組合の状況を正しく示しているものと認めます。

二　理事の職務の執行^(注10)に関する不正の行為又は法令若しくは定款に違反する重大な事実は認められません。

(2) 決算関係書類（剰余金処分案を除く）及びその附属明細書の監査結果

決算関係書類（剰余金処分案を除く）及びその附属明細書は、組合の財産及び損益の状況をすべての重要な点において適正に表示しているものと認めます。

(3) 剰余金処分案の監査結果

　　剰余金処分案は法令及び定款に適合し、かつ、組合財産の状況その他の事情に照らして指摘すべき事項は認められません。

3　追記情報（記載すべき事項がある場合）^(注11)

　　　○年○月○日^(注12)

　　　　　　　　　　　　　　○○生活協同組合

　　　　　　　　　　　　　　常勤監事○○○○　　印^(注20)

　　　　　　　　　　　　　　員外監事○○○○　　印

　　　　　　　　　　　　　　監事　　　○○○○　　印

　　　　　　　　　　　　　　　　　　　（自署）^(注13)

2　公認会計士等の監査を受けていない組合の監事の監査報告

（注）は89ページ以下を参照。

監 査 報 告 書

　私たち監事は、○年○月○日から○年○月○日までの第○期事業年度の理事の職務の執行を監査いたしました。その方法及び結果につき以下のとおり報告いたします。^(注1)

1　監査の方法及びその内容^(注2)

(1) 監事会は、監査の方針、職務の分担等を定め、各監事から監査の実施状況及び結果について報告を受けるほか、理事等からその職務の執行状況について報告を受け、必要に応じて説明を求めました。^(注3)

(2) 各監事は、監事会の定めた監査の基準^(注4)に準拠して、他の監事と意思疎通及び情報交換を図るほか、監査方針、職務の分担等^(注5)に従い、理事、内部監査部門等^(注6)その他の職員等と意思疎通を図り、情報の収集及び監査の環境の整備に努めるとともに、以下の方法で監査を実施しました。

① 理事会その他重要な会議に出席し、理事及び職員等からその職務の執行状況について報告を受け、必要に応じて説明を求め、重要な決裁書類等を閲覧し、本部及び主要な事業所において業務及び財産の状況を調査いたしました。また、子会社等^(注8)については、子会社等の取締役及び監査役等と意思疎通及び情報の交換を図り、必要に応じて子会社等から事業の報告を受けました。

② 理事の職務の執行が法令及び定款に適合することを確保するための体制その他組合業務の適正を確保するために必要な体制の整備に関する理事会決議の内容及び当該決議に基づい

て整備されている体制（内部統制システム）の構築・運用の状況について定期的に報告を受け、必要に応じて説明を求めました。^(注7)

③　会計帳簿又はこれに関する資料の調査を行い、当該事業年度に係る決算関係書類（貸借対照表、損益計算書、剰余金処分案）及びその附属明細書について検討いたしました。

以上の方法に基づき、当該事業年度に係る事業報告書及び決算関係書類（貸借対照表、損益計算書、剰余金処分案）並びにそれらの附属明細書について検討いたしました。

2　監査の結果^(注9)

(1) 事業報告書等の監査結果^{(注16) (注17) (注18) (注19)}

一　事業報告書及びその附属明細書は、法令及び定款に従い、組合の状況を正しく示しているものと認めます。

二　理事の職務の執行^(注10)に関する不正の行為又は法令若しくは定款に違反する重大な事実は認められません。

(2) 決算関係書類（剰余金処分案を除く）及びその附属明細書の監査結果

決算関係書類（剰余金処分案を除く）及びその附属明細書は、組合の財産及び損益の状況をすべての重要な点において適正に表示しているものと認めます。

(3) 剰余金処分案の監査結果

剰余金処分案は法令及び定款に適合し、かつ、組合財産の状況その他の事情に照らして指摘すべき事項は認められません。

3　追記情報（記載すべき事項がある場合）^(注11)

〇年〇月〇日 ^(注12)

〇〇生活協同組合

監事〇〇〇〇　印

監事〇〇〇〇　印

（自署） ^(注13)

※　注記は89 ～ 91ページを参照。

監事監査の環境整備に関する指針〜地域生協向け〜

2011年11月9日

　日本生協連では、改正生協法のもとでのガバナンス充実に関連した重要な課題として、監事監査の環境整備を位置付け、2010年度9月に『生協における監事監査の環境整備に向けて』をまとめ、同年度下期をかけて全国生協で討議いただきました。この文書は、監事監査の環境整備に関する実践上の指針の検討に先立って、基本的考え方を整理し、認識を共有することを目的としたものでした。

　『生協における監事監査の環境整備に向けて』の「はじめに」では、今後の進め方について、（a）理事サイドに向けた実践指針案を検討すること、（b）監事サイドとしての実践指針は生協監事監査基準・同実施要領の見直しとして検討すること、を掲げています。全国討議ではさまざまな意見が出されましたが、全体としては、監事監査の重要性についてご理解いただけたものと受け止めております。今後の取組みに関するご懸念の声もございましたが、今後の検討の中で十分に解消できる内容と考えております。

　この指針は、（a）の理事サイドに向けた実践指針としてとりまとめたものです。ただし、特に規模が小さい大学生協などについて、地域生協と同様の考え方を適用することは難しいとの意見が強く出されたこと、昨年来の一連の流れは主として地域生協を念頭においた議論経過だったことから、地域生協向けのものとして作成することといたしました。各地域生協における今後の自主的な取組みに役立てていただけますよう、お願いいたします。

　なお、医療生協、学校生協、職域生協、大学生協などについては、この指針を参考にしつつ、各部会・協議会・全国連で監事監査の環境整備のあり方について検討いただければ幸いです。

〈生協のガバナンスと理事・監事の職責〉

　理事と監事はともに役員として生協と委任関係にあり、独立・対等の立場で生協のガバナンスの一翼を担う存在として、制度上設計されています。理事は理事会を構成し、重要事項に関する意思決定や代表理事の業務執行状況の監督にあたります。監事は、理事の職務の執行を監査（＝監視・検証）し、事業報告書・決算関係書類（剰余金処分案を除く）やそれらの附属明細書の適正性、剰余金処分案の法令・定款適合性^(注)、理事の職務執行における不正な行為や法令・定款に違反する重大な事実の有無について、監査報告に記載して総代会に報告する責務があります。こうした理事、監事の職務が十分に果たされることが、生協における健全なガバナンスを実現する上で重要な意義を持ちます。

　（注）会計監査人監査生協では、「事業報告書とその附属明細書の適正性、剰余金処分案の法令・定款適合性、会計監査人監査の方法・結果の相当性」が監査報告の記載事項となります。

〈監事の職務と環境整備の意義〉

　監事は、上記の職務につき善管注意義務を尽くして遂行しなければならず、十分に職務を遂行しているか否かについて法的責任を問われ得る立場にあります。監事の具体的な職務は理事の職務の執行を監査すること（監査業務）ですが、監事が制度上の要請に応えて監査業務を十全に行っていく上では、監事監査の環境整備が不可欠です。

　監事監査の環境整備に努めることは、監査業務と並ぶ監事の重要な職務であり、監事が主体性をもって取り組むことが必要です。しかし、監事監査の環境整備には理事や理事会の理解と協力も不可欠であり、監事の職務の執行のために必要な体制の整備に留意することは理事や理事会の責務でもあります。生協法施行規則第58条第2項は、このことについて、下記のように規定しています。

2　監事は、その職務を適切に遂行するため、次に掲げる者と
　の意思疎通を図り、情報の収集及び監査の環境の整備に努め
　なければならない。この場合において、理事及び理事会は、
　監事の職務の執行のための必要な体制の整備に留意しなけれ
　ばならない。
一　当該組合の理事及び使用人
二　当該組合の子会社（法第28条第5項に規定する子会社を
　いい、共済事業を行う組合にあつては、法第53条の2第2
　項 に規定する子会社等をいう。以下この条において同じ。）
　の取締役、会計参与、執行役、業務を執行する社員、会社法
　（平成17年法律第86号）第598条第1項の職務を行うべき者
　［法人が業務執行社員である場合に当該法人が選任した業務
　執行者──注］その他これらの者に相当する者及び使用人
三　その他監事が適切に職務を遂行するに当たり意思疎通を図
　るべき者

〈監事会〉

　監事は独任制の機関ですが、広範にわたる理事の職務の執行状況を
監視し検証するという職務を適正に果たしていく上では、監事全員に
より構成される任意の機関として監事会を設置することが適切です。
監事会では、監査の方針、監査計画、監査の方法、監査業務の分担等
について協議を行い、各監事による監査の実施状況を報告し、得られ
た情報を他の監事と共有するなどして、監事監査の実効性を高め、組
織的かつ効率的な監査の実施に役立てていくことが重要です。そして、
監事監査の環境整備にあたっても、監事会における協議を通じて、監
査環境の整備に関する考え方を検討することが求められます。
　監事監査の環境整備にあたってまず初めに大切なのは、監査業務及
びそのために必要な環境整備について、監事会における協議を通じて

主体的に行っていくことができる監事体制を形成することです。具体的な考え方については、指針の「1．監事体制等」の部分をご参照ください。

〈監事監査の環境整備の基本的進め方〉

　理事会・代表理事は監事監査の環境整備に留意する義務がありますが、監事監査の環境整備については監事の主体性がまずもって重要であることから、監事会における考え方の整理を踏まえて対応することが適切です。具体的には、代表理事との定期的協議等の中で、監事会での検討に基づく要請を受けて、当該生協における到達点、当該生協の事業・組織や当該生協を取り巻く環境に関する状況認識と課題認識を共有しつつ、環境整備の方針に関する合意を形成することが求められます。そして、合意された方針に基づいて実践を積み重ね、その結果を検証して、監事会における協議－代表理事との定期的協議というプロセスを経ながら一歩ずつ改善していくことが大切です。

　上記の基本的な考え方を前提に、監事体制等の問題とその他の監査環境の問題に関して、次の通り具体的な指針をまとめました。

　なお、以下の具体的な指針の中では、「常勤監事」「内部統制（決算報告に係る内部統制の部分）」「公認会計士等の監査」「生協と子会社等から成る組合集団全体の監査環境の整備」の項目で、規模の基準を「負債総額50億円以上」に統一しています[注]。

　（注）従来、日本生協連の策定する指針、ガイドライン等で規模の基準を設ける際、事業高300億円以上という基準を採用してきました。事業高300億円以上という基準は、「資本金5億円以上又は負債総額200億円以上」という商法特例法（当時）上の大会社の要件をもとに、資本金5億円の株式会社の売上高が概ね250～300億円に相当していることを踏まえて設定したものです。これは、大会社と同様の規模にある生協では、その社会的責任ゆえガバナンスや情

報開示において相当の水準が求められる、という考え方に由来しています。

　その後、新しい公益法人法制の中で、公益社団・財団法人における規模の基準として、負債総額50億円という基準が採用されました。これは、公益社団・財団法人における財産管理や会計処理のための厳しいルールを背景にしたものですが、負債総額という指標は、組合員や債権者等のステークホルダーとの関係において、適正な財産管理や会計処理、リスク管理などの重要性の高さを測る上で適当と考えられます。また、同規模の株式会社と比較した場合のコミュニティにおける存在感と社会的期待の大きさ、ステークホルダーの多さといった生協の特質を考えた場合、自主的な基準としては公益社団・財団法人の基準を参考にすることが適切なのではないかと考えます。

1．監事体制等

(1) 監事会

> 　監事からの要請を受けて、定款に監事会の規定を設けることについて検討すること。

〈説明〉

　前文に述べた通り、監事会は計画的・組織的な監査業務の遂行と、監査環境の整備の推進の両方について重要な役割をもっています。任意的な機関として、定款等の自治規範の中で規定を設け、その位置付けや権限、運営ルール等について明確にすることが望ましいと考えます。監事監査規則には監事会について規定されているのが通例ですが、定款に規定を設けることについて監事からの要請があった場合には、検討することが必要です。

（2）監事構成

> 「組合員による監査」「法律・会計・経営という３つの専門性を備えた監査」の両立という観点に基づき、監事からの要請を受けて監事構成に関する合意形成を進め、上記の専門性を有する監事候補の人選等に協力すること。

〈説明〉

　生協の監事監査は組織的・計画的な取組みが必要であり、それを支えるのが全監事により構成される監事会です。監事の構成については、全体として生協の監査に必要とされる識見・能力を備えたメンバーで形成するという指向性が重要です。その意味では、組合員の視点による監査と、「法律」「会計」「経営」という３つの専門性を備えた監査という２つの観点を両立できる構成を目指すことが望ましいと考えます。実際には、各生協の現状を踏まえた上で徐々に充実させていくことになると思われますが、理事会・代表理事としても上記の基本的方向性について認識を共有しつつ、監事会からの要請を受けて協議し、監事構成に関する合意づくりを進めることが必要です。

　特に初期段階では、専門的な知見のある監事候補の選考に際して理事の人脈の活用が必要になるケースもあります。そうした場合には、監事の要請を受けて積極的に協力することも求められます。

（3）常勤監事

> ①　負債総額200億円を超える法定の常勤監事設置生協のほか、負債総額50億円以上の生協においても、監事からの要請を受けて常勤監事の設置を図ること。
> ②　それ以外でも、県内で事業高が最大の生協では、監事からの要請を受けて、常勤的な働きを想定する監事の配置について積極的に検討すること。

Ⅰ　生協監事監査基準モデル

103

〈説明〉

　一定規模以上の生協において監事監査を実効的に行う上では、役員・職員に報告を求めたり、各種の書類を閲覧したり、諸会議に出席したりすることを通じて、業務組織内での政策形成や業務執行の状況を日常的に把握することが必要になります。こうした職務を中心的に担うのが常勤監事です。法により設置が義務付けられている負債総額200億円超の生協はもちろん、そこまでの規模でなくとも、負債総額50億円以上の生協は非営利法人として一定の規模の水準に達していることから、その社会的責任に鑑み、監事からの要請を受けて常勤監事の設置を図ることが適切と考えます。

　それ以外でも、県内で事業高が最大の生協では、当該地域における影響力の大きさに鑑み、監事監査の強化が必要と考えます。そうした生協では、実践的観点から常勤的な働き（例えば週に1〜2回出勤して重要な会議への出席や情報収集、監事スタッフとの意思疎通を行うなど）を想定する監事の設置について積極的に検討することが求められます。

(4) 選出方法

> ①　監事選任議案作成（選挙方式をとる生協では監事候補の推薦）のプロセスのあり方に関して、予め監事と合意を形成しておくこと。
> ②　監事候補者の人選等に関して協議の機会を持ち、監事体制に関する監事の意見を反映できるようにすること。

〈説明〉

　役員の選出について「選任」方式をとる場合、法律上、監事には次の権限が付与されています。

　(a) 監事選任議案につき、監事の過半数の同意がない場合には、総代会への提出ができない。（準用会社法第343条第1項）

（b）監事の選任を総代会の議題とすること（＝候補者を示さない形）、または監事選任議案を総代会に提出すること（＝候補者を示す形）を請求できる。（同条第2項）

　これらの規定は、実践的には監事の選任プロセスへの監事の主体的関与を保障することの重要性として捉えるべきです。監事候補者、監事選任議案の形成・決定手続、補充の要否等について、あらかじめ理事と監事の間で協議の機会を持つことにより、監事体制に関する監事の意見を反映できるようにしておくことが適切と考えます。「選挙」方式をとる場合も、監事候補者の推薦プロセスにおいて、実質的に監事の意見を反映できるよう、あらかじめ理事と監事の間で同様の協議の機会を持つことが適切と考えます。

　こうした考え方から、指針では、①監事候補者の選考プロセスのあり方自体についての事前の監事との合意、②監事候補者の人選等に関する協議と意見反映という2点を掲げています。

(5) 監事報酬

> ①　監事報酬は理事報酬も含めた役員報酬全体の体系の中で総合的に検討すること。
> ②　一定規模以上の生協において弁護士、公認会計士等に監事に就任いただく場合には、社会的な報酬水準と比較される可能性があるため、適切な人材を確保する観点から報酬水準に留意すること。

〈説明〉

　監事の報酬についても役員報酬体系の一部であることから、理事の報酬も含めた全体の体系の中で総合的に検討することが必要です。

　その際、特に一定規模以上の生協において、弁護士、公認会計士等に監事に就任いただく場合には、株式会社における社外監査役の報酬水準と比較される可能性があります。報酬水準については、適切な人

材を確保するという観点から影響がある事項でもあるため、上記の体系的検討の中で留意事項としてマークしておくことが適切です。

(6) 監事スタッフ

①　常勤監事を設置していない場合には、監事からの要請を受けて、監事スタッフを配置すること。常勤監事を設置している場合には、監事からの要請を受けて、監事スタッフの配置について検討すること。その際、監事会事務局業務や日程管理等の秘書的業務だけでなく、監査補助業務も監事スタッフの重要な職務であることに留意すること。

②　監事スタッフは専任が望ましい。生協の規模や監査業務の量などとの関係で兼任とする場合には、監事スタッフの独立性の観点から、監事スタッフ業務に関する監事の業務指揮権を保障することとともに、監事スタッフの人事異動・人事評価についてはあらかじめ監事の同意を得ること。

〈説明〉

監事による監査をサポートする監事スタッフのあり方は、監事監査の充実の上で重要であるとともに、内部統制上も重要な課題です。小規模生協では兼任の監事スタッフも配置していないケースが多く見られますが、監事の要請を受けて何らかの形で配置することが必要です。ただし、常勤監事を設置している場合は、生協の規模や経営上のリスクその他の各生協固有の事情を考慮し、監事スタッフを配置せずに監事監査の実効性を確保し、監査職務を円滑に執行できる場合もあり得るので、監事の要請を踏まえつつ十分に検討し、監事との間で合意形成を図っていただく必要があります。

監事スタッフの業務については、次の事項を挙げるのが一般的です。

（a）監事会事務局（招集通知発信、資料作成、議事録作成等）

（b）監事共有資料管理

（c）監査日程管理

（d）関連部署との諸調整

（e）監査計画案作成

（f）監事監査の補助活動（報告聴取、書類閲覧、往査の準備・随行、報告書作成、諸会議出席、外部監査立会等）

（g）監事特命事項調査等

（a）～（d）のいわゆる秘書的業務に加え、（e）～（g）の監査補助業務を実際にどこまでスタッフが行うかは各生協の置かれている状況によって様々です。常勤監事が設置されていない生協では、業務組織の状況に詳しくない監事のみで構成される場合が多く、生協内からの情報収集が弱くなるおそれがあります。そのため、特に日常的な情報収集において監事スタッフの果たす役割が重要であり、配置にあたってはそうした事情も考慮することが適切です。

監事スタッフは専任とすることが望ましいですが、生協の規模や業務量との関係で専任スタッフを配置せず、兼任とする場合は、監事スタッフの独立性の保障が重要となります。監事スタッフ業務に関する監事の業務指揮権を保障することがまずもって重要ですが、加えて、人事異動や人事評価などについて事前に監事の同意を得て行うことも必要です。

2．その他の監査環境

（1）基本的考え方

その他の監査環境については、監事からの要請を受けて協議し、合意した内容で整備を進めること。その際、特に下記の事項について重視すること。

○　代表理事との定期的会合

○　重要な会議への出席

- ○ 監事への報告体制等
- ○ 監査費用
- ○ 内部監査等との連係
- ○ 公認会計士等との連係
- ○ 生協と子会社等から成る組合集団全体の監査環境の整備
- ○ 事業連合との関係

〈説明〉

　その他の監査環境については、監事からの要請を受けて、代表理事との定期的会合等の場で協議し、合意した内容に基づいて整備を進めることが基本です。その際、上に掲げた8項目については環境整備上の重要事項ですので、特に重視することが求められます。

　上記重要事項に関して、個別に留意すべき事項については、(2)以下でまとめています。

(2) 代表理事との定期的会合

- ① 監事からの要請を受けて、1年に複数回を設定すること。
- ② 会合においては、監査環境の整備に関する事項のほか、生協を取り巻く環境や生協事業・組織の現状についての状況認識と問題意識の共有を主なテーマとすること。

〈説明〉

　代表理事との定期的会合は、生協の日常的ガバナンスの両輪となる理事側と監事側が現状認識や問題意識を共有する重要な場です。監事からの要請を受けて、1年に複数回を設定することが必要です。

　この場で協議すべき重要なテーマの1つに監事体制を含めた監査環境の整備に関わる問題があります。監事監査の環境整備に関わる各事項について、監事側の現状評価と要請をまとめ、代表理事と率直に協議することを通じて、将来的な整備の方向性や当面の措置に関する合

意形成を図ることが求められます。

　加えて、生協が対応すべき課題や生協を取り巻くリスクなどについて代表理事から問題意識を報告するとともに、監事側から最近の監査結果について報告し、生協の現状と課題についての認識を共有して、監査方針・監査計画の策定や監査の実施に役立てていくことも大切です。特に、監査の結果に基づいて業務執行の状況に関する問題意識を報告し、改善のためのアドバイスを行なうことは、重要な意義があります。その際、日常的な業務執行の状況に関する報告は理事会で定期的に行われるため、代表理事との定期的会合については、より大局的な見地からの情報交換・意見交換を有意義に行うことができるよう工夫することが適切と考えます。

(3) 監事への報告体制等

> ①　理事会等を通じた日常的な報告体制のほか、突発的な事件・事故等が起きた場合の臨時的な報告体制についても、監事からの要請を受けて協議し、基本的なルールを定めること。
> ②　定められた基本的ルールに基づいて監事への報告が適切に行われるよう、内部規程の整備やマネジメントラインへの徹底を行うこと。

〈説明〉

　監事が事実に基づき日常業務について監査する上で、監事への定期的な報告体制や突発的な事件・事故等が起きた場合の臨時的な報告体制を確立することは重要な意義を持ちます。この点については、内部統制システムに関する理事会決議において明らかにされた監事に対する報告体制を担保する見地から重要ですし、特に臨時的な報告体制については、生協に著しい損害を及ぼすおそれのあることを発見した場合の監事への報告義務が法定されていることを踏まえる必要があります（準用会社法第357条）。

監事への報告体制等については、望ましいあり方を監事側で検討し、代表理事等に対して要請・協議して、基本的なルールを定めておくことが適切です。具体的には、定期的な報告についてのルール（報告すべき事項、報告の頻度、報告者など）、臨時的な報告についてのルール（危機管理マニュアル等との関連を含む）などが考えられます。代表理事等は、確認された基本的ルールに基づき監事への報告が適切になされるよう、内部規程の整備やマネジメントラインへの徹底を行うことが求められます。

(4) 内部統制・内部監査

> ① 全ての生協で、業務全般の適正性確保に係る内部統制について基本方針と実行計画を理事会で決議し、各生協の実情に即した取組みを進めること。
> ② 負債総額50億円以上の生協では、決算報告に係る内部統制についても、業務全般の適正性確保に係る内部統制の整備状況を踏まえて取組みを進めること。
> ③ 内部監査部門をはじめ内部統制システムにおけるモニタリング機能を所管する部署と監事監査との連係の観点から、モニタリングの結果に関する監事への報告体制を整備すること。

〈説明〉

内部統制は、「業務を適切に進めるための決まりごとを設け、組織の中の人々がそれに基づいて業務を行っていくプロセス」（日経文庫、町田祥弘著『内部統制の知識』、P15）であり、その整備は善管注意義務の一部をなすものとして、業務執行を掌る理事の責務です。生協法では内部統制に係る直接の規定はありませんが、その整備は理事の法的義務として捉えるべきです。

日本生協連では、全ての生協に対して業務全般の適正性確保に係る内部統制の整備について呼びかけています。加えて、一定規模以上の

生協では決算報告に係る内部統制の整備についても取り組むという方向性を提起しています。本指針でも、冒頭に述べた理由から、負債総額50億円以上の生協では決算報告に係る内部統制の整備の取組みを求めています。

　内部統制の中には、所定のルールに則って適切に業務が行われているかどうかを点検するモニタリング機能が適切に組み込まれていることが必要です。モニタリング機能には、日常的モニタリング（通常の業務に組み込まれて行われる点検活動）と独立的評価^(注)の 2 種類があるとされています。内部監査部門が行う内部監査（マネジメント側の自己点検機能）は独立的評価の 1 つとして重要な位置付けを持っていますが、監事監査にあたっては内部監査の情報だけでなく、日常的モニタリングの状況についても参照できるよう、連係のあり方を工夫することが求められます。各生協では、そうした観点から、内部監査の結果に関する監事への報告体制について、整備することが必要です。

　（注）独立的評価とは、通常の業務から独立した視点で行われる点検活動です。生協では、理事会による監督、監事による監査、独立した内部監査部門等による内部監査があります。

（5）公認会計士等の監査

① 　負債総額50億円以上の生協では、規約を整備した上で、公認会計士等（公認会計士又は監査法人）と会計監査契約を締結して決算関係書類等につき監査を受け、監査報告書を総代会に提出すること。

② 　それ以外の生協でも公認会計士等による監査を積極的に導入することが望ましいが、生協の規模等との関係で難しい場合には、何らかの形で会計の専門家（公認会計士、税理士等）の点検と助言を受ける機会をつくることについて検討すること。その際、専門家による点検の結果等については、理事会や代表理

事への報告のほか、監事への報告の機会も保障すること。

〈説明〉

　一定規模以上の生協では決算関係書類等の開示に関して大きな社会的責任を有しており、そうした社会的責任に応えるためには、決算関係書類等の信頼性確保の観点から専門家である公認会計士や監査法人の監査を受けることが必要です。生協法改正に伴う会計ルールの法令化により、現在では生協法施行規則の規定に基づき、企業会計基準や中小企業の会計に関する指針を斟酌しつつ会計処理と決算関係書類等の作成が行われています。国際会計基準との関係で企業会計基準が大きく変わり、極めて複雑になる中で、基本的に専門家ではない生協の監事による監査だけで決算関係書類等の適正性を確保することは、以前にも増して困難になってきており、専門家による外部監査を受けることの重要性は大きくなっています。こうした状況を踏まえ、負債総額50億円以上の生協では、監査契約に基づく公認会計士等の監査を受けることが適切です。

　それ以下の規模の生協においても、既に多くの生協で監査契約に基づく公認会計士等の監査を実施しており、実施済生協の総数は50を超えています。他の生協でも積極的な導入について検討する必要がありますが、規模等との関係で監査契約の締結が難しい生協でも、できる限りコンサル契約等により公認会計士等の点検と助言を受け、中小企業の会計に関する指針への準拠度合いや重要な会計上の見積もりの適正性について検証することが望まれます。その結果については、理事だけでなく監事も共有できるよう、報告の機会を保障することが必要です。

（6）生協と子会社等から成る組合集団全体の監査環境の整備

> 　負債総額50億円以上の生協では、子会社及び重要な関連法人
> 等について連結決算書を作成すること。

〈説明〉

　生協と子会社等から成る組合集団全体の監査環境の整備は重要な課題です。具体的な取組みは各生協の実情を踏まえ、監事の要請と代表理事等との協議を経て、合意を得た内容で進めることが適切です。ここでは、その前提として重要になる連結決算の問題について、従来の経過を踏まえて改めて指針を示すべく、とりあげています。

　生協と子会社等から成る組合集団全体の財務・経営の状況を適正に把握する上では連結決算書が重要な意義を有しており、日本生協連は一定規模以上の生協を対象に、連結決算書の作成と開示を推進してきました（1999年「連結決算書及びキャッシュ・フロー計算書作成の指導基準」など）。連結決算は生協と子会社等から成る組合集団全体の監査環境整備の観点からも重要であり、本指針において負債総額50億円以上の生協を対象に、改めて作成を呼びかけることにしました。

以　上

Ⅰ　生協監事監査基準モデル

生協監事監査基準の改定について

日本生活協同組合連合会
1987年3月1日制定
1996年3月28日改訂
1998年5月25日改訂
2002年12月20日改訂
2008年5月14日改定（最終）

1　経緯

　生協監事監査基準は、監事自身が職責を遂行するための拠りどころになることを意図して、1987年3月に制定された。その背景には、消費生活協同組合法（以下「生協法」という）における監事監査に関する規定が抽象的かつ概括的で生協の急速な成長に対応できなくなっていること、改革の進む企業の監査制度との隔たりが一層拡大してきていることなどがあり、監事監査を充実させることが緊急かつ重要課題として認識されるに至ったからである。

　その後、1996年3月、1998年5月、2002年12月に改定を行っている。2002年12月の改定では、理事と監事の二重責任の原則を明確にするとともに監事の独立性について自覚を促したこと、また、基礎的事項の監査手続では、旧釧路市民生協の組合員が生協の理事・監事を相手に起こした損害賠償請求訴訟における有罪判決の趣旨を踏まえ、経営数値の分析的手続等を補強している。さらに、内部統制を充実させることは理事の最も重要な任務と位置づけ、内部統制の調査手続を追加している。

　上記の改定の後、2007年5月16日に改正生協法が公布され、2008年4月1日から施行されることになった。この改正は、現今の社会環境の実態を踏まえ59年ぶりに行われた大改正であり、これに対応す

べく生協監事監査基準の改定を行うことにした。

2 改定の趣旨

　改正生協法及び同施行規則では、会社法をベースにした監事の職務権限の明確化、一定規模を超す生協への常勤監事及び員外監事の設置の義務化、共済事業を行う一定規模を超す組合及び連合会への会計監査人監査の義務化など、監査に係る多くの改正が行われた。それらは、会社法並みの監査を生協に求めるものであり、これに応えられる生協監事監査基準の改定が必要になった。改定に際しては、会社法の施行に伴い2007年1月に改定された日本監査役協会の監査役監査基準を参考にした。その理由は、改正生協法に会社法の規定の準用が非常に多いからである。従って、今回の改定は、構成、内容ともに全面的なものになった。

　改定の主な事項は、以下のとおりである。なお、本基準は、各生協がそれぞれの監査環境等に応じて監査基準を設定するときの参考になるものであり、監事は設定した基準に即して行動し、監査の実効性の確保に努める必要がある。

1　生協監事監査基準の構成は、まず、「総則」「監査業務」「特則」の大きく3つに区分している。「総則」と「監査業務」は、生協共通の事項を規定するものであり、「特則」は、特定の生協に必要な事項あるいは特定の事項を規定したものである。「総則」は、「目的」「監事の職責」「監事の基本姿勢」「監事の独立性」「監事監査の環境整備」の5章から成り、「監査業務」は、「業務監査」「会計監査」「監査の方法」「監査の報告」の4章から成る。また、「特則」は、「常勤監事・員外監事・監事会・監事（会）事務局」「公認会計士等との連係」「内部監査部門等との連係」「組合員代表訴訟への対応」の4章から成っている。このように、従前の生協監事監査基準の構成を全面的に見直したかたちになっている。

2　従前の生協監事監査基準は、理事と監事の二重責任の原則及び「理

事者による確認書」の入手を規定していた。二重責任の原則は、財務諸表の作成責任は経営者にあり、監査の責任は監査人にあるとするもので、両者は責任を分担しながら相互に協力し合う関係として、監査人は経営者から「経営者による確認書」を入手することになっている。本来、これは企業の外部者が監査人として監査を行う公認会計士監査の事項であり、今回の検討にあたり、本基準には規定しないことにした。

3　生協法では、監事は独任の機関として規定されており、監事会は規定されていない。実態として多くの生協は監事会を設置しているが、それは法令上の機関ではないので権限を持たない。しかし、職務遂行上監事会は必要不可欠になっており、本基準では監事の協議体として位置づけている。改正生協法には、監事の全員又は過半数の同意を求めている事項があるので、監事会の運営に際しては協議事項や決定事項を整理し、監事の固有の権限を侵害しないよう十分な配慮が必要である。

4　内部統制は、事業経営の有効性と効率性の増進、財務報告の信頼性の確保、関連法規等の遵守、資産の保全等の目的を達成するために生協内部に設けられ運用される仕組みであり、内部統制の充実は理事の最も重要な任務の一つといえる。会社法においては、内部統制の体制整備の基本方針の決定を取締役又は取締役会に義務付けているが、生協法にはそのような規定は存在しない。しかし、規定は存在しなくても内部統制の整備・運用は、理事の善管注意義務として認識されうるので、その規定化を図った。

5　常勤監事・員外監事を規定化した（改正生協法では、負債総額200億円超の生協に義務付け）。

6　理事会決議等で行われる理事の意思決定については、善管注意義務の履行の判断基準として経営判断の原則を監査の観点とし、規定化した。

7　監事は、理事会に出席し必要と認めた場合には意見を述べなけれ

ばならないこと及び出席した監事は議事録に署名又は記名押印しなければならないことを規定化した。

8　会計については、高度な専門的知識を必要とする実務が多くなっており、監事だけで会計監査を完結させることは非常に困難な場合もあり得る。任意監査として公認会計士等（公認会計士又は監査法人）の監査を実施している生協の監事は、公認会計士等との効果的な連係が今後一層重要となるため、連係の方法に係る規定の整備を行った。監事は、それらの手続から得た情報を参考にして、自らの監査意見を形成する必要がある。

　なお、改正生協法においては、共済事業を行う負債総額200億円超の生協と連合会に会計監査人監査が義務付けられた。会計監査人監査組合の監事は、会計監査人の会計監査報告を対象にその相当性の判断を行った上で、監事の意見を監査報告書に記載することになっている。

9　本基準の最後には、監事の組合員代表訴訟への対応について規定化した。

10　法令用語として使われている「使用人」は、本基準では「職員等」とした。

11　本基準の別紙として、「組合員に対して提供される監査報告文例」を添付した。文例は、「1 公認会計士の監査を受けていない組合の監事の監査報告」「2 任意監査として公認会計士又は監査法人の監査を受けている組合の監事の監査報告」「3 会計監査人監査組合の監事の監査報告」の三種類である。これらの各文例は、改正生協法施行規則の監査報告内容を踏まえたものである。生協の実状に合った文例を参考にしていただきたい。

Ⅱ 監事監査規則例

「監事監査規則例」の見直しについて

1.「監事監査規則例」の性格

各生協において、監事監査の基本的ルールとなる監事監査規則を作成するにあたり、その検討のタタキ台となるモデルとして作成したもの。

監事監査規則は、（a）監事監査に関する職務の基本を定めることにより、組合員からの負託の内容を明らかにすること、（b）監事が監査業務をしやすくするため、その権限の行使に後ろ盾を与えることが目的である。監事監査規則は監事監査規則の制定・改廃は監事が行った上で総(代)会の承認を得ることとしているが、これは上記の2つの目的との関係で総(代)会の承認という手続きがふさわしいと判断されたことによる。

基本的性格はそのままなので、新しい生協監事監査基準モデルを踏まえて、各生協が基本的ルールとして定めておくことが必要な（あるいは望ましい）事項を網羅的に記載したものとなるよう見直します。なお、こうした監事監査規則例の性格については前文を新設して記述します。

2. 見直しの前提について

「必要最小限の見直し」というよりも、生協監事監査基準モデルとの関係、監事会運営に関わるルールの扱いなどを含めて考え方を整理し、その結果を踏まえて見直しを行う。

現行の監事監査規則例については、生協監事監査基準モデルと重複している部分が多い、監事会運営に関するルールが十分に定められていない、などの問題点が指摘されています。この機会に、これ

らの問題点に関しても考え方を整理し、その結果を反映することが
適切と考えられるので、「基準の見直しに伴う必要最小限の見直し」
ということではなく、改めて考え方の整理を含めて見直しを行いま
す。

3．記載事項に関する基本的考え方

　　監事監査規則の性格・位置づけから、監事監査の基本となるべ
き事項や、他の機関（総(代)会、理事会、代表理事）等との関係
で明確にしておくべき権限・手続き等に関するルールを記載事項
とする。併せて、監事会を監事監査を有効に行うため重要な役割
を担う任意機関として位置づけることから、監事会の運営に関す
るルールを自治規範で明確にする意味で規定を整備する。

　　各生協で監事監査基準を定めるケースは少ないため、生協監事
監査基準モデルと重複している部分についても上記の観点から必
要と判断される事項については記載するが、監事監査基準を定め
ている場合には、監事監査の基本に関する事項はある程度省略可
能と考える。省略可能な事項は解説で明記する。

4．監事監査規則例の章立て案

現　行　規　則　例	新　規　則　例	基　準　モ　デ　ル
第1章　総則	第1章　総則	第1章　総則
第2章　監事の職務及び権限	第2章　監事会	第2章　監事の職責と心構え
第3章　監事会	第3章　監査業務	第3章　監事及び監事会
第4章　監査業務	第4章　その他	第4章　監事監査の環境整備
第5章　他の監査との連携		第5章　業務監査
第6章　子会社、関連会社並び		第6章　会計監査
に事業連合等の調査		第7章　監査の方法
第7章　その他		第8章　組合員代表訴訟への対応
		第9章　監査の報告

以　上

※　上記は2013年に行った監事監査規則例の全面見直しの考え方に関する文書で、現行の規則例の基本的な考え方を示すものとして引き続き収録しています。その後、規則例は法改正への対応などのために一部改訂されていますが、基本的な考え方は変わっていません。

Ⅱ　監事監査規則例

Ⅱ　監事監査規則例・目次

Ⅱ　監事監査規則例

監事監査規則例 （規則例と解説）

　理事と監事とはともに役員として生協と委任関係にあり、独立・対等の立場で生協のガバナンスの一翼を担う存在として、制度上設計されています。理事は理事会を構成し、重要事項に関する意思決定や代表理事の業務執行状況の監督にあたります。監事は、理事の職務の執行を監査（＝監視・検証）し、事業報告書・決算関係書類（剰余金処分案を除く）やそれらの附属明細書の適正性、剰余金処分案の法令・定款適合性、理事の職務執行における不正な行為や法令・定款に違反する重大な事実の有無について、監査報告に記載して総(代)会に報告する責務があります。こうした理事、監事の職務が十分に果たされることが、生協における健全なガバナンスを実現する上で重要な意義を持ちます。

　各生協では、監事監査に関する基本的なルールを監事監査規則として定めています。監事監査規則は、（a）監事監査に関する責務と職務の基本を定めることにより、組合員からの負託された職務の内容を明らかにするとともに、（b）業務執行権限を有する理事との間で監事の権限行使に後ろ盾を与えることを目的として設定されるものです。そうした意味合いから、監事監査規則の改廃は監査の主体となる監事が行うこととしつつ、総(代)会の承認を得るという手続きが定められています（cf. 模範定款例第37条第12項）。本規則例は、こうした監事監査規則の基本的性格を踏まえ、各生協において監事監査規則を検討する場合に役立てていただくモデルとして作成したものです。

　他方、監事監査を具体的にどのように行うかについては、各生協で独自の監事監査基準を定めている場合があります。独自の監事監査基準を定めることは、監事監査がどのような基準によって行われているかを明らかにし、監査の実効性を確保する意味で重要な意義があります。その反面、監事監査基準を定めた場合は、その基準に沿った監査

を行うことについて一定の法令上の義務を負うことになるため、留意が必要です。

　実際には独自の監事監査基準を定めていない会員生協も多いため、本規則例では監事監査基準の内容と重複することが想定される規定を設けているケースがあります。そのうち、監事監査基準で規定すれば監事監査規則では規定が不要となるものについては、解説でその旨を明記しています。なお、監事監査規則の目的から、監事の権限に関わる事項については、監事監査基準で規定されている場合でも必須という扱いにしています。

　なお、本規則は会計監査人監査実施生協（法定外部監査生協）以外を想定して作成しています。法定外部監査生協では、「公認会計士等」の部分を「会計監査人」に修正するなど、法令に則してアレンジしてご活用いただければと思います。

Ⅱ　監事監査規則例

第1章　総則

> **（目的）**
> 第1条　本規則は、法令及び定款の規定に基づき、監事の組合の
> 　　監査に関する基本事項を定めるものである。

＜解説＞

(1) 必須の規定です。

(2) 前文にも述べたように、監事監査規則は監事監査に関する基本的
　　なルールを定めるものであり、本条はそうした本規則の目的を明確
　　にしたものです。

> **（監事の責務）**
> 第2条　監事は、組合員の負託を受けた独立の機関として理事の
> 　　職務の執行を監査することにより、持続的な発展を可能とする
> 　　組合の健全な運営と社会的信頼に応えるガバナンスを確立する
> 　　責務を負っている。

＜解説＞

(1) 必須の規定です。

(2) 前文に述べた監事の基本的な職責を定めたものです。監事の具体
　　的な職務は理事の職務の執行を監査し、その結果を報告することで
　　すが、監査自体が目的ではありません。むしろ、監査業務を通じて
　　生協のガバナンスを確立し、組合員の願いや社会的信頼に応えて生
　　協が持続的に発展する基盤を作ることが、監事の基本的な職責です。
　　本条はその趣旨を明らかにしています。

（監事の職務）

第3条　前条の責務を果たすため、監事は、理事会その他重要な会議への出席、理事及び職員等から受領した報告内容の検証、組合の業務及び財産の状況に関する調査等を行い、理事又は職員等に対する助言又は勧告等の意見の表明、理事の行為の差止めなど、必要な措置を適時に講じなければならない。

＜解説＞

(1) 必須の規定です。

(2) 監事の職責は前条で述べたとおりですが、そうした職責を果たすための監事の具体的な職務について総括的に定めています。前段は監査の具体的方法について、後段は監査結果を受けて行う措置の手法について定めています。

（監事の心構え）

第4条　監事は、独立の立場の保持に努めるとともに、法令及び定款並びに本規則を遵守し、組合及び組合員、その他の利害関係者のために常に公正不偏な態度をもって、その職務を執行しなければならない。

2　監事は、監査を実施するために必要な知識及び技術の習得に常に努めなければならない。

3　監事は、適正な監査視点を形成するために、経営全般の見地から経営課題についての認識を深め、経営状況の推移と組合をめぐる環境の変化を把握するよう努めなければならない。

4　監事は、平素より組合及び子会社等の理事若しくは取締役及び職員等との意思疎通を図り、情報の収集及び監査の環境の整備に努めなければならない。

5　監事は、職務上知り得た重要な情報を、他の監事と共有する

よう努めなければならない。
　6　監事は、監査意見を形成するにあたり、よく事実を確かめ、判断の合理的根拠を求め、その適正化に努めなければならない。
　7　監事は、その職務の遂行上知り得た情報の秘密保持に十分注意しなければならない。
　8　監事は、持続的な発展を可能とする組合の健全な運営と社会的信頼に応えるガバナンスの確立と運用を果たすため、監事監査の環境整備が重要かつ必須であることを、代表理事を含む理事に理解し認識させるよう努めなければならない。

＜解説＞
(1) 監事監査基準に同様の規定がある場合には、省略して差し支えありません。
(2) 監事と生協とは委任契約の関係にあり（法第29条の２）、監事は生協に対して善管注意義務を負います。本条各項は、監事の善管注意義務の内容について、「監事の心構え」としてわかりやすく示したものであり、監事が職務を遂行する上で常に心に留めておく必要があります。

（常勤監事）
第○条　監事の互選をもって常勤監事を定める。
　2　常勤監事は、常勤者としての特性を踏まえ、監査の環境の整備及び組合内の情報の収集に積極的に努め、かつ、内部統制システムの構築・運用の状況を日常的に監視し検証する。
　3　常勤監事は、その職務の遂行上知り得た情報を、他の監事と共有するよう努めなければならない。

＜解説＞
(1) 常勤監事を設置する場合には必須の規定です。本条から第６条ま

では、生協の監事体制を構成する常勤監事、有識者監事（員外監事）、組合員監事のそれぞれの位置づけ・役割を定めるものです。

(2) 一定規模以上の生協において監事監査を実効的に行う上では、役員・職員に報告を求めたり、各種の書類を閲覧したり、諸会議に出席したりすることを通じて、業務組織内での政策形成や業務執行の状況を日常的に把握することが必要になります。こうした職務を中心的に担うのが常勤監事です。こうした位置づけから、常勤監事については特に他の監事との情報共有に留意することが求められるため、第3項においてその旨を明記しています。

(3) 法により設置が義務づけられている負債総額200億円超の生協はもちろん、そこまでの規模でなくとも、負債総額50億円以上の生協は非営利法人として一定の規模の水準に達していることから、その社会的責任に鑑み、常勤監事の設置を図ることが適切と考えます。

（（員外監事及び）有識者監事）

第5条 （員外監事及び）有識者監事は、監査体制の独立性及び中立性を一層高めるために選任されていることを自覚し、積極的に監査に必要な情報の入手に心掛けるとともに、他の監事と協力して監査の環境の整備に努めなければならない。

2 （員外監事及び）有識者監事は、その独立性、選任された理由等を踏まえ、中立の立場から客観的に監査意見を表明することが特に期待されていることを認識し、代表理事及び理事会に対して忌憚のない質問をし又は意見を述べなければならない。

＜解説＞

(1) 有識者監事や員外監事を設置する場合には必須の規定です。有識者監事のみを設置する場合はかっこ書きの部分を除いて規定します。

(2) 監事の構成については、全体として生協の監査に必要とされる識

見・能力を備えたメンバーで形成するという指向性が重要です。その意味では、組合員の視点による監査と、「法律」「会計」「経営」という３つの専門性を備えた監査という２つの観点を両立できる構成を目指すことが望ましいと考えますが、主に専門性の部分を担うべく設置されるのが有識者監事です。そうした位置づけ故に求められる役割について、第２項で規定しています。

(3) 員外監事は下記の要件をすべて満たす監事です。

- 当該生協の組合員でないこと（連合会の場合は会員の役員又は職員でないこと）
- 就任前５年間は当該生協の理事・職員やその子会社の取締役・職員等でなかったこと
- 当該生協の理事又は重要な使用人の配偶者又は２親等内の親族でないこと

負債総額200億円を超える生協では法令上設置が義務づけられていますが、それ以外の生協でも任意で設置することは可能です。員外監事は実践的には有識者監事と同様の役割を果たすことが期待されます。

（組合員監事）

第６条　組合員監事は、国民の自発的な生活協同組織である組合の構成員としての立場、また出資者・利用者としての立場から、理事の職務執行を監査する。

2　組合員監事は、組合員の声や情報の収集に努め、監事会における他の監事との審議を通じて、公正で適正な監査意見の形成に努めなければならない。

＜解説＞

(1) 必須の規定です。

(2)　生協は組合員が主人公の組織です。「国民の自発的な生活協同組織」（法第 1 条）という生協の基本的性格から、組合員である一般の国民、消費者、市民の視点が生協運営に反映され、健全な市民的良識に則った運営が行われることが必要です。そうした意味で、組合員監事は生協の構成員としての立場、出資者・利用者としての立場から監査に従事し、監事会での意見交換を通じて適切な監査意見の形成に努めることが求められます。

(3)　旧生協法の下では組合員以外からの監事の選出が認められていなかったため、有識者が監事に就任する際に生協に加入していただくという扱いが行われており、現在もそうした慣行が続いているケースもあります。そうした場合の監事は、本規則では前条の有識者監事としての役割を想定しています。

（監事会の設置）

第 7 条　監事は、監査に関する相互の情報の共有、意見の調整及び必要な事項を審議又は決定するために監事会を置く。ただし、監事会は、各監事の権限の行使を妨げることはできない。

＜解説＞

(1)　必須の規定です。

(2)　監事は独任制の機関ですが、広範にわたる理事の職務の執行状況を監視し検証するという職務を適正に果たしていく上では、監事全員により構成される任意の機関として監事会を設置することが適切です。監事会では、監査の方針、監査計画、監査の方法、監査業務の分担等について検討し、各監事による監査の実施状況を報告し、得られた情報を他の監事と共有するなどして、監事監査の実効性を高め、組織的かつ効率的な監査の実施に役立てていくことが重要です。そして、監事監査の環境整備にあたっても、監事会において、監査環境の整備に関する考え方を検討することが求められます。こ

のように、監事会は監事が適正かつ実効的な監査を行う上で要ともいえる重要な役割を、実践的には持っています。そうした意味合いから、監事会については本条により位置づけを明確にしつつ、その運営について第2章で詳細な規定を設けています。

(3) 他方、株式会社における監査役会とは異なり、生協における監事会はあくまで自治規範により設置される任意の機関ですから、法で定められた監事の職務（監査及び監査結果の報告）を監事に代わって行うことはできません。また、監事会の決定により各監事に認められている各種の権限の行使を妨げることもできません。本条はそうした監事会の位置づけを定めるものです。

（監査方針及び監査計画等）

第8条　監査計画は、内部統制システムの構築・運用の状況にも留意して、重要性、適時性その他必要な要素を考慮して監査方針をたてた上で、監査対象、監査の方法及び実施時期を適切に選定し、監事会において作成する。この場合、監査上の重要課題については、重点監査項目として設定するものとする。

2　監査計画の作成にあたっては、効率的な監査を実施するため、適宜、（公認会計士等及び）内部監査部門等との協議又は意見交換を経るものとする。

3　組織的かつ効率的に監査を実施するため、監査業務の分担を定める。

4　監査方針及び監査計画は、代表理事及び理事会に説明するものとする。

5　監査方針及び監査計画は、必要に応じ適宜修正する。

＜解説＞

(1) 必須の規定です。公認会計士等の監査を受けていない場合はかっこ書きの部分を除いて規定します。

(2) 監事が広範にわたる理事の職務執行を監査する上では、組織的・計画的な監査が必要となります。その基本となるのが監査方針・監査計画の設定であり、本条は監査方針・監査計画の設定と生協内での共有に関する事項を定めています。

（監事監査の実効性を確保する体制）

第9条　監事は、監査の実効性を高め、かつ、監査職務を円滑に執行するための体制の確保に努めなければならない。

2　前項の体制を確保するため、監事は、理事又は理事会に対して、監事の職務を補助すべき職員（以下「監事スタッフ」という。）等その他次に掲げる事項に関する必要な協力を要請するものとする。

① 監事スタッフに関する事項

② 監事スタッフの理事からの独立性に関する事項

③ 理事及び職員が監事に報告をするための体制その他の監事への報告に関する体制

④ その他監事の監査が実効的に行われることを確保するための体制

＜解説＞

(1) 必須の規定です。

(2) 本条は監事監査の環境整備に関する規定です。監事が監査業務を十全に行っていく上では、監事監査の環境整備が不可欠です。監事監査の環境整備に努めることは、監査業務と並ぶ監事の重要な職務であり、監事が主体性を持って取り組むことが必要です。しかし、監事監査の環境整備には理事や理事会の理解と協力も不可欠であり、監事の職務の執行のために必要な体制の整備に留意することは理事や理事会の責務でもあります（生協法施行規則第58条第2項）。そうした意味合いから、本条では監事監査の環境整備において留意

Ⅱ　監事監査規則例

135

すべき事項と監事の努力義務、理事・理事会への協力要請について
規定しています。

（監事スタッフ）

第10条　監事は、組合規模、経営上のリスクその他組合固有の
　　事情を考慮し、監事スタッフの体制について検討しなければな
　　らない。

2　監事は、監事スタッフの業務執行者からの独立性の確保に努
　　めなければならない。

＜解説＞

(1) 必須の規定です。

(2) 監事スタッフは監事監査に関して監事の指示の下に監事のサポー
　トにあたる職員であり、監事会事務局などの秘書的業務のほか、監査業
　務の補助にあたることが期待されています。特に常勤監事を設置し
　ない生協では、業務組織の状況をよく知っている監事スタッフの果
　たす役割は大きく、監事スタッフの配置は必須と考えられます。

(3) 監事スタッフは専任であることが望ましいですが、生協の規模や
　業務量との関係で兼任とする場合は、監事スタッフの独立性の保障
　が重要となります。専任の場合もそうですが、兼任の場合には特に
　第2項に定める独立性の確保（業務指揮権、人事異動や人事評価に
　関する監事の事前同意など）が重要になります。

（監査費用）

第11条　監事は、その職務執行のために必要と認める費用につ
　　いて、組合に請求することができる。組合は、その費用が監事
　　の職務執行に必要でないことを証明した場合を除いて、これを
　　拒むことができない。

> 2　監事は、あらかじめ監査費用の予算を計上するとともに、その支出に当たっては、効率性及び適正性に留意しなければならない。

＜解説＞

(1) 必須の規定です。

(2) 監査に必要な費用については、法令上、監事に請求権が認められており（準用会社法第388条）、第1項では同様の内容を規定しています。しかし、損益管理や監事監査の有効性・効率性の観点から、監事の業務に必要な費用についても理事と協議の上予算化しておくことが適切であり、第2項でその旨を定めています。

Ⅱ　監事監査規則例

第2章　監事会

(監事会の構成)
第12条　監事会は、監事全員をもって構成する。

＜解説＞

(1) 必須の規定です。

(2) 第2章（本条以下第26条まで）は、第7条（監事会の設置）を受けて監事会の運営に関するルールを定めるものです。監事会は法に基づかない任意の機関ですが、その実践的重要性からいって、運営に関するルールは自治規範の中に明記しておくことが適切です。なお、監事会の運営に関するルールは、会社法の監査役会に関する規定を参考としつつ、機関としての性格の違いを考慮して修正を加えています。

(監事会の職務)
第13条　監事会は、次に掲げる職務を行う。ただし、第2号の決定は、各監事の権限の行使を妨げることはできない。
① 監査報告の審議
② 監査の方針、業務及び財産の状況の調査の方法その他の監事の職務の執行に関する事項の決定

＜解説＞

(1) 必須の規定です。

(2) 監事会の実践的な役割は、(a) 監査方針・監査計画など監査の大枠に関する事項について決定することと、(b) 監査の結果得られた事実を共有し、意見交換を適正な監査意見を形成することにあります。本条はそうした監事会の基本的な職務を定めたものです。

> **（議長）**
>
> 第14条　監事会の議長は、監事の中から互選する。
>
> 2　議長は、第17条第1項に定める職務のほか、監事会の委嘱を受けた職務を遂行する。ただし、各監事の権限の行使を妨げることはできない。

＜解説＞

(1) 必須の規定です。

(2) 議長には、監事会を招集し運営することと併せて、各監事の主体的参加の下で監事会をまとめていくリーダーシップの発揮が求められます。そうした役割も想定した上で、議長を互選することが適切です。なお、常勤監事を設置する生協の場合、議長を常勤監事が兼ねる場合と、別の監事（有識者監事等）が議長を務める場合がありますが、どちらの考え方もあり得ますので、各生協の監事体制や監査業務の実情に応じて考え方を整理していただければと思います。

(3) なお、「選任」「選定」「互選」の意味については生協監事監査基準モデル（基準モデル）第8条の解説に記載されていますので、ご参照ください。

Ⅱ　監事監査規則例

> **（特定監事）**
>
> 第15条　監事会は、次に掲げる職務を行う監事（以下「特定監事」という。）を互選する。
>
> ①　各監事が受領すべき決算関係書類及び事業報告書並びにこれらの附属明細書を理事から受領し、それらを他の監事に対し送付すること
>
> （②　公認会計士等から会計監査報告の内容の通知を受け、それを他の監事に対し通知すること）
>
> ③　監事の監査報告の内容を特定理事（及び公認会計士等）に

対し通知すること

　④　前各号の日程について合意すること

　2　特定監事は、議長とする。

<解説>

(1) 特定監事を定める場合には必須の規定です。特定監事は定めない
場合もありますが、その場合はすべての監事が特定監事となり（生
協法施行規則第133条第5項）、煩雑なので設けておいた方が良い
と考えます。

(2) 本条では、特定監事の法律上の職務に加えて、公認会計士等の監
査を受けている場合に公認会計士等との間で必要となる職務を定め
ています。公認会計士等の監査を受けていない生協では、かっこ書
きの部分を除いて規定します。

(3) 特定監事は理事や公認会計士等との間での窓口的な役割を果たす
ことになります。本条では、常勤監事を設置していない生協を想定
し、特定監事を議長とする旨の規定を設けていますが、上述した特
定監事の役割から、常勤監事を設置する生協では常勤監事を特定監
事とするのが通例です。

（開催）

第16条　監事会は、定期的に開催する。ただし、必要に応じて
随時に開催することができる。

<解説>

(1) 必須の規定です。

(2) 監事会の開催については監査計画の中であらかじめ計画化し、定
例的に開催することを基本としつつ、必要な場合には臨時に開催す
るという形をとることが、組織的・計画的に監査を進める上で適切
です。本条はそうした趣旨から設けています。

> **（招集者）**
> 第17条　監事会は、議長が招集し運営する。
> 2　各監事は、議長に対し監事会を招集するよう請求することが
> できる。
> 3　前項の請求にもかかわらず、議長が監事会を招集しない場合
> は、その請求をした監事は、自らこれを招集し運営することが
> できる。

＜解説＞

(1)　必須の規定です。

(2)　会議体において、招集に関わる規定（本条及び次条）を設けてお
くことは、会議体の構成員の権利を保障する意味で重要です。監事
会の招集については、議長を設定した趣旨から議長を招集権者とし
ていますが、議長も各監事も監事として同等の権限と責任を有して
いる以上、招集権限を議長に専属させることは不適切です。そうし
た意味から、各監事にも招集請求権があることを明記し（第2項）、
請求にもかかわらず議長が招集しない場合には請求者が自ら招集で
きることとしています（第3項）。

> **（招集手続）**
> 第18条　監事会を招集するには、監事会の日の1週間前までに、
> 各監事に対してその通知を発する。ただし、緊急の必要がある
> 場合は、この期間を短縮することができる。
> 2　監事会は、監事の全員の同意があるときは、招集の手続を経
> ることなく開催することができる。

＜解説＞

(1)　必須の規定です。

(2)　監事会の招集については、各監事に準備の時間を保障する意味合

いから、会日の１週間前までに通知を発することを原則としています。しかし、監事として緊急の対応が必要な場合など、招集期間を短縮し、あるいは招集手続を省略することが求められるケースがあり得るため、柔軟な扱いが可能な形で規定しています。

（監事会の付議事項）

第19条　監事会には、本規則において別に定める事項のほか、次に掲げる事項を付議する。付議された事項に関し、監事会は十分な資料に基づき審議し、又は決定しなければならない。

①　各監事の権限の行使に関する事項であって、監事会の審議を要するもの

②　監事の過半数の同意によって決定すべき事項

③　監事全員の同意によって決定すべき事項

＜解説＞

(1) 必須の規定です。

(2) 監事会に付議する事項について、本規則例では以下の３つに分類して整理しています（本条〜第22条）。用語については、総(代)会で報酬総額を決定した後の各監事の報酬を監事の「協議」によって定めるとされ（準用会社法第387条第２項）、この「協議」が監事全員の一致が必要とされていることから、監事全員の同意を要する事項を「協議事項」としつつ、それ以外の事項に関する用語を決めています。各生協で監事監査規則を設定する際には、実情に合わせて用語を決めていただければと思います。

審議事項 （第1号）	決定・協議事項に該当しない、各監事の権限行使に関する重要事項であって、監事会で意見交換を行うために付議するもの。第20条で詳細を規定。
決定事項 （第2号）	監事全員の過半数の同意を要する事項。監事会で行うことを基本とする。第21条で詳細を規定。
協議事項 （第3号）	監事全員の同意を要する事項。監事会で行うことを基本とする。第22条で詳細を規定。

　※　監事以外の者とのやりとりについては、「協議」という用語を使用するケースもありますが、これは監事会の付議事項とは関係しないので、単なる話し合いの意味で使用しています。

(3) 本条各号に定める事項については、第20条～第22条で具体的事項を列挙する形で規定していますが、常勤監事の互選（第○条）、特定監事の互選（第15条）、監査報告の審議（第35条）など、本規則で別に監事会への付議を定めているものについては重ねて規定していません。そのため、本条各号は「本規則において別に定める事項のほか」監事会に付議すべき事項を定めるという形をとっています。

（監事会における審議事項）

第20条　前条第1号に定める事項は、次に掲げる事項とする。ただし、各監事の権限の行使を妨げることはできない。

①　組合員より総(代)会前に通知された監事に対する質問についての説明、その他総(代)会における説明に関する事項

②　理事会に対する報告及び理事会の招集請求等に関する事項

③　総(代)会提出の議案及び書類その他のものに関する調査結果に関する事項

④　理事による組合の目的の範囲外の行為その他法令又は定款違反行為に対する差止め請求に関する事項

⑤　監事の選任、解任、辞任及び報酬等に関する総(代)会での

意見陳述に関する事項

⑥　組合と理事（理事であった者を含む）間の訴訟に関する事項

⑦　その他訴訟への対応に関する事項

＜解説＞

(1) 必須の規定です。

(2) 本条に定める事項は、すべて監事単独の権限に属するものであり、各監事により行うことができますが、事前に監事会で検討することにより、適正な権限の行使を図る趣旨から、原則として監事会に付議すべきという扱いにしています。もっとも、緊急に対応が必要なため監事会を開催する余裕がない場合、そのことを理由に権限の行使が遅れて時宜を逸することは適切ではないので、監事会の議を経ずに権限を行使することは可能です。ただし書きは、そうした意味を含めて規定しています。

(3) 本条に定める事項と法令や規則例・規約例等の条項等との関係は下記のとおりです。

本 条 に 定 め る 事 項	法 令 等
①　総(代)会における説明	生協法第43条
②　理事会への報告と理事会招集請求	準用会社法第382条・第383条
③　総(代)会提出議案・書類等の調査結果	準用会社法第384条
④　理事の不正行為等の差止め請求	準用会社法第385条
⑤　監事の選任・解任・辞任・報酬等に関する総(代)会での意見陳述	準用会社法第345条・第387条
⑥　組合と理事・元理事との訴訟	準用会社法第386条
⑦　その他訴訟対応に関する事項	（なし：監事の責任追及訴訟への対応等を想定）

（監事会における決定事項）

第21条　第19条第２号に定める事項は、次に掲げる事項とする。

① 第８条に定める監査方針、監査計画及び監査業務の分担（ただし、各監事の権限の行使を妨げることはできない）

② 第９条第２項に定める監査の実効性の確保に係る理事又は理事会への協力の要請の内容

③ 第11条第２項に定める監査費用の予算

④ 総(代)会に提出する監事選任議案への同意

⑤ 監事の選任を総(代)会の議題とすること又は監事の選任議案の総(代)会への提出の請求

⑥ 監事による総(代)会の招集に関する事項の決定

（⑦ 公認会計士等の再任の同意又は総(代)会における公認会計士等の選任、解任若しくは不再任の同意）

（⑧ 公認会計士等の選任議案の総(代)会への提出又は公認会計士等の選任、解任若しくは不再任を総(代)会の議題とすることの請求）

（⑨ 監事全員の同意により公認会計士等を解任したことを総(代)会に報告する監事の選定）

（⑩ 公認会計士等が欠けた場合において、遅滞なく後任者が選任されないときに行う、一時公認会計士等の職務を行うべき者（一時公認会計士等という。以下同じ）の選任）

（⑪ 公認会計士等又は一時公認会計士等の報酬等への同意）

（⑫ 常勤監事の解職）

⑬ 監査についての規則等の設定、変更又は廃止

⑭ 監査に関する基準の設定、変更又は廃止

＜解説＞

(1) 必須の規定です。公認会計士等の監査を受けていない場合［⑦～⑪］、常勤監事を設置していない場合［⑫］は、それぞれの場合に

応じ、かっこ書きの条項を除いて規定します。

(2) 本条では、法令上監事の過半数の同意を要するとされている事項及び規約・規則との関係で監事の過半数の同意により決することが適切と考えられる事項を掲げています。これらの事項は、会合することなく、各監事が個別に同意・不同意の意思表示を行う形で過半数の同意により決することも可能です。しかし、事前に監事会で検討することにより、適正な権限の行使を図る趣旨から、監事会に付議すべきという扱いにしています。

(3) 本条に定める事項と法令や規則例・規約例等の条項等との関係は下記のとおりです。

本 条 に 定 め る 事 項	法 令 等
① 監査方針・監査計画等	本規則例第8条
② 監事監査の環境整備に関する理事への要請	本規則例第9条
③ 監査費用の予算	本規則例第11条
④ 監事選任議案への同意	準用会社法第343条Ⅰ
⑤ 監事選任に関する議題設定・議案提出の請求	準用会社法第343条Ⅱ
⑥ 監事による総(代)会招集関連事項	(生協法第37条)
⑦ 公認会計士等の再任の同意又は総(代)会における公認会計士等の選任・解任・不再任の同意	公認会計士監査規約例第4条ⅠⅡ
⑧ 公認会計士等の選任議案提出又は選任・解任・不再任議題の設定に関する請求	公認会計士監査規約例第4条Ⅲ
⑨ 監事全員の同意による公認会計士等解任の場合に総(代)会に報告する監事の選定	公認会計士監査規約例第4条Ⅷ
⑩ 監事による一時公認会計士等の選任	公認会計士監査規約例第4条Ⅵ

⑪　公認会計士等及び一時公認会計士等の報酬への同意	公認会計士監査規約例第12条
⑫　常勤監事の解職	（生協法第28条Ⅵ）
⑬　監査に関する規則の設定・改廃	模範定款例第37条Ⅻ
⑭　監査に関する基準の設定・改廃	（なし）

（監事会における協議事項）

第22条　第19条第3号に定める事項は、次に掲げる事項とする。

①　理事の責任の一部免除に関する議案を総(代)会に提出することに対する同意

②　組合員による理事（理事であった者を含む、3号及び4号において同じ）の責任を追及する訴えにおいて、組合が被告理事側に補助参加することに対する同意

③　組合員による理事の責任を追及する訴えにおいて、裁判所から通知された和解内容の承認

④　組合による理事の責任を追及する訴えにおいて、裁判所から通知された和解内容の同意

（⑤　監事による公認会計士等の解任）

⑥　各監事の報酬等

<解説>

(1) 必須の規定です。公認会計士等の監査を受けていない場合はかっこ書きの条項を除いて規定します。

(2) 本条では、法令上監事全員の同意を要するとされている事項及び規約・規則との関係で監事全員の同意を要するとされている事項を掲げています。これらの事項は、会合することなく、各監事が個別に同意・不同意の意思表示を行う形で全員の同意により決することも可能です。しかし、事前に監事会で検討することにより、適正な権限の行使を図る趣旨から、監事会に付議すべきという扱いにして

います。

(3) 本条に定める事項と法令や規則例・規約例等の条項等との関係は下記のとおりです。

本 条 に 定 め る 事 項	法 令 等
① 理事の責任軽減議案の総(代)会提出への同意	生協法第31条の3
② 組合員代表訴訟における補助参加の同意	準用会社法第849条
③ 組合員代表訴訟における和解内容の承認	準用会社法第850条
④ 組合による責任追及訴訟における和解内容の同意	準用会社法第849条の2
⑤ 監事による公認会計士等の解任	公認会計士監査規約例第4条
⑥ 各監事の報酬等	準用会社法第387条

（監事会に対する報告事項）

第23条 監事は、次に掲げる事項を監事会に報告するものとする。ただし監事の全員に対して監事会に報告すべき事項を通知したときは、当該事項を監事会に報告することを要しない。

① 理事、（公認会計士等、）内部監査部門等の職員その他の者からの重要な報告

② 監事自らの職務の執行の状況

＜解説＞

(1) 必須の規定です。公認会計士等の監査を受けていない場合には、かっこ書きの部分を除いて規定します。

(2) 監事会には、第19条〜第22条で定める付議事項のほか、監査に関わる重要事項について報告を受けて共有し、監査意見の形成や必要な措置に関して適切な判断を下せるようにしておく必要があります。報告は、監査の対象となる理事のほか、監事監査との連係が期

待される公認会計士等や内部監査部門等から受けますが、もちろん
各監事も監査を行った場合にその結果について報告することが求め
られます。

(3) 監事会に報告すべき事項についても、理事会において認められて
いるのと同様の書面等による報告制度を設けています（cf. 生協法
第30条の８）。

（報告に対する措置）

第24条　監事会は、次に掲げる報告を受けた場合には、十分な
審議の上、必要に応じ適切な対処方針を定める。

① 組合に著しい損害を及ぼすおそれのある事実を発見した旨
の理事からの報告

（② 理事の職務の執行に関し不正の行為又は法令若しくは定
款に違反する重大な事実があることを発見した旨の公認会計
士等からの報告）

③ あらかじめ理事と協議して定めた事項についての理事又は
職員からの報告

＜解説＞

(1) 必須の規定です。公認会計士等の監査を受けていない場合には
かっこ書きの条項を除いて規定します。

(2) 本条第１号・第２号に定められている報告事項は、生協の運営に
重大な悪影響を与えるおそれのある情報であるため、監事として状
況をどのように認識し、どのような措置を講ずるべきかを遅滞なく
検討することが必要です。第３号は、監事監査の環境整備の一環と
して定められた監事への報告体制（生協監事監査基準モデル第18
条参照）に従って、監事に報告される事項です。この中には、月次
の事業の状況など一般的な事項も含まれていますが、「組合に著し
い損害を及ぼすおそれ」につながる事項も含まれている可能性があ

り、監事として何らかの対応が必要になる場合もあり得ます。そうした意味から、監事に対して報告があった場合は必要に応じて適切な対処方針を定めるべき旨を規定しています。

（議事録）

第25条　監事会は、次に掲げる事項を内容とする議事録を作成し、出席した監事はこれに署名又は記名押印する。

① 　開催の日時及び場所

② 　議事の経過の要領及びその結果

③ 　次に掲げる事項につき監事会において述べられた意見又は発言があるときは、その意見又は発言の内容の概要

　　イ　組合に著しい損害を及ぼす恐れのある事実を発見した旨の理事からの報告

　　（ロ　理事の職務の執行に関し不正の行為又は法令若しくは定款に違反する重大な事実があることを発見した旨の公認会計士等からの報告）

④ 　監事会に出席した理事（又は公認会計士等）の氏名又は名称

⑤ 　監事会の議長の氏名

2　第23条ただし書きの規定により監事会への報告を要しないものとされた場合には、次の各号に掲げる事項を内容とする議事録を作成する。

① 　監事会への報告を要しないものとされた事項の内容

② 　監事会への報告を要しないものとされた日

③ 　議事録の作成に係る職務を行った監事の氏名

3　前二項の議事録を10年間主たる事務所に備え置く。

＜解説＞

（1）必須の規定です。公認会計士等の監査を受けていない場合には、かっこ書きの部分を除いて規定します。その際、第1項第3号につ

いては下記のように規定することが考えられます。

　「③　監事会において組合に著しい損害を及ぼす恐れのある事実
　　を発見した旨の理事からの報告があるときは、その報告の内容
　　の概要」

(2)　監事会は、毎年度の監事監査の大枠を決定するとともに、実質的
　　に監査報告の内容の形成を担う重要な会議体であることから、任意
　　的な機関ではありますが法定の機関に準じて議事録を作成し、保存
　　することが適切です。

(3)　各監事への書面等による報告により監事会への報告を省略した場
　　合も、理事会における扱いと同様、その事実を記載した書面を議事
　　録として作成しておくことが適切です。

(4)　監事会の議事録は、監事の責任が問われた場合の挙証資料となる
　　ことを考慮し、役員の損害賠償責任の消滅時効（10年：民法第167
　　条第1項）が完成するまで保存することとしています。

（監事会事務局）

第26条　監事会の招集事務、議事録の作成、その他監事会運営
　　に関する事務は監事スタッフがあたる。

＜解説＞

(1)　必須の規定です。

(2)　監事会の事務局は監事スタッフの業務の一部なので、監事スタッ
　　フが事務局にあたる旨を明記しています。

第3章　監査業務

（理事の職務の執行の監査）

第27条　監事は、理事の職務の執行を監査する。

2　前項の職責を果たすため、監事は、次の職務を行う。

① 　監事は、理事会決議その他における理事の意思決定の状況及び理事会の監督義務の履行状況を監視し検証する。

② 　監事は、理事が内部統制システムを適切に構築・運用しているかを監視し検証する。

③ 　監事は、理事が組合の目的外の行為その他法令若しくは定款に違反する行為をし、又はするおそれがあると認めたとき、組合に著しい損害又は重大な事故等を招くおそれがある事実を認めたとき、組合の業務に著しく不当な事実を認めたときは、理事に対して助言又は勧告を行うなど、必要な措置を講じる。

④ 　監事は、理事から組合に著しい損害が発生するおそれがある旨の報告を受けた場合には、必要な調査を行い、理事に対して助言又は勧告を行うなど、状況に応じ適切な措置を講じる。

3　監事は、前項に定める事項に関し、必要があると認めたときは、理事会の招集又は理事の行為の差止めを求めなければならない。

4　監事は、理事の職務の執行に関して不正の行為又は法令若しくは定款に違反する重大な事実があると認めたときは、その事実を監査報告に記載する。その他、組合員に対する説明責任を果たす観点から適切と考えられる事項があれば監査報告に記載する。

＜解説＞

（1）監事監査基準に同様の規定がある場合には、省略して差し支えありません。

（2）本規則において監事の業務監査の基本的内容を簡潔に表すために、業務監査に関する総括的な規定である生協監事監査基準モデル第19条の内容を規定しています。

Aパターン：公認会計士等の監査を受けていない場合

（会計監査）

第28条　監事は、決算関係書類及びその附属明細書が組合の財産及び損益の状況を適正に表示しているかどうかについての意見を形成するために、事業年度を通じて、理事の職務の執行を監視し検証するとともに、組合の資産・負債・純資産の状況及び収益・費用の状況について監査する。

Bパターン：公認会計士等の監査を受けている場合

（会計監査）

第28条　監事は、決算関係書類及びその附属明細書が組合の財産及び損益の状況を適正に表示しているかどうかについての意見を形成するために、事業年度を通じて、理事の職務の執行を監視し検証するとともに、組合の資産・負債・純資産の状況及び収益・費用の状況について監査する。

2　併せて監事は、会計監査の適正性及び信頼性を確保するため、公認会計士等が公正不偏の態度及び独立の立場を保持し、職業的専門家として適切な監査を実施しているかを監視し検証する。

<解説>

(1) 監事監査基準に同様の規定がある場合には、省略して差し支えありません。

(2) 本規則において監事の会計監査の基本的内容を簡潔に表すために、会計監査に関する総括的な規定である生協監事監査基準モデル第26条の内容を規定しています。公認会計士等の監査を受けているか否かで内容が変わってくるため、A・Bのいずれかを選択してご活用ください。

（代表理事との定期的会合）

第29条　監事会は、代表理事と定期的に会合を持ち、組合が対処すべき課題、監事監査の環境整備の状況、監査の重要課題等について意見交換を行い、併せて必要と判断される要請を行うなど、代表理事との相互認識を深めるよう努める。

<解説>

(1) 必須の規定です。

(2) 代表理事との定期的会合は監事の活動の１つではありますが、監査方針・監査計画の検討、監事監査の環境整備、監査結果に関する理事との認識共有など、監事の業務遂行の上で極めて重要な意義があること、代表理事に対応を求める必要があることから、特に規定を設けることとしています。

（監査の手続）

第30条　監事が監査を実施するときは、実施日時、目的、対象を明らかにして代表理事に通知するものとする。ただし、監査の内容により、特に通知する必要を認めない場合はこの限りでない。

> 2　監事は、理事に対して監査のために必要とする諸資料の提出を求めることができる。また、必要に応じて関係者に報告を求めることができる。

＜解説＞

(1) 必須の規定です。

(2) 法令上、監事は必要があるときはいつでも役職員から事業の報告を求め、財産の状況を調査することができます（準用会社法第381条）が、実際に監査を円滑に進める上では、監査の実施の際の手続きについてルールを定めておくことが必要です。しかし、緊急に監査を行うことが必要な場合もあり得るため、ただし書きを設けています。

(3) 生協では理事と監事が役員としてそれぞれ責任を持って定められた職務を行っていること、監事の職務は理事の職務の執行の監査であることから、監査の事前通知の相手方は業務執行の責任者である代表理事としています。ただ、各生協での実情に応じ、理事側との合意に基づいて代表理事と同時に監査対象部局にも連絡することは差し支えありません。

（（公認会計士等及び）内部監査部門等との連係）

第31条　監事は、（公認会計士等及び）内部監査部門等と緊密な連係を保ち、積極的に情報交換を行い、効率的な監査を実施するよう努めるものとする。

2　監事は、（公認会計士等及び）内部監査部門等の行う監査計画書及び監査報告書の提出を求めることができる。

＜解説＞

(1) 監事監査基準に同様の規定がある場合には、省略して差し支えありません。なお、規定を設ける場合、公認会計士等の監査を受けていない生協ではかっこ書きの部分を除いて規定します。

(2) 監事が効率的な監査のため公認会計士等及び内部監査部門等と連
　係して監査を行うことについて、本規則においても明らかにするた
　めに、生協監事監査基準モデル第33条及び第30条（34条）の概要
　を規定しています。

（子会社等の調査）

第32条　監事は、理事及び職員等から、子会社等の管理の状況
　について報告又は説明を受け、関係書類を閲覧する。

2　　監事は、その職務の執行にあたり、子会社等の監査役、内部
　監査部門等（及び公認会計士等）と積極的に意思疎通及び情報
　の交換を図るように努めなければならない。

3　　監事は、その職務を行うため必要があるときは、子会社等に
　対し事業の報告を求め、又はその業務及び財産の状況を調査し
　なければならない。

＜解説＞

(1) 子会社等がない生協では規定する必要はありません。子会社等が
　ある生協でも、監事監査基準に同様の規定がある場合には、省略し
　て差し支えありません。

(2) 子会社等の管理は内部統制システムに係る理事会の決議事項の1
　項目であり、その整備は代表理事及び理事会の責務ですから、その
　管理状況も監事監査の対象となります。そうした意味合いから監事
　の子会社等の調査について本規則において明らかにするため、生協
　監事監査基準モデル第38条（42条）の内容を規定しています。

（事業連合の調査）

第33条　監事は、理事及び職員等から、事業連合に委託した業
　務の遂行状況について報告又は説明を受け、関係書類を閲覧す

> る。
> 2　監事は、その職務を行うため必要があるときは、事業連合に対し事業の報告を求め、又はその業務及び財産の状況を調査しなければならない。

＜解説＞

(1) 事業連合に加入していない生協では規定する必要はありません。

(2) 事業連合は、子会社等に該当しない場合であっても、受託した業務の遂行状況により加入している生協の経営に大きな影響を与えます。そうした意味合いから、事業連合の状況に関する監事の調査について規定を設けています。

（代表理事及び理事会への報告）

第34条　監事は、監査の実施状況とその結果について、定期的に代表理事及び理事会に報告する。

2　監事は、その期の重点監査項目に関する監査及び特別に実施した調査等の経過及び結果を代表理事及び理事会に報告し、必要があると認めたときは、助言又は勧告を行うほか、状況に応じ適切な措置を講じなければならない。

＜解説＞

(1) 必須の規定です。

(2) 理事会に対する監査結果の報告について、生協監事監査基準モデル第47条（51条）の内容を規定しています。監事にとって監査結果を報告することは、善管注意義務と並ぶ重要な法的義務であることから、その具体的なあり方について自治規範で明らかにするために、本規則でも規定を設けることとしています（次条も同様）。

（監査報告の作成・通知）

第35条　監事は、決算関係書類及び事業報告書並びにこれらの
　　　附属明細書を監査して、監査結果を監事会に報告する。

2　　監事は、監査結果を監事会に報告するにあたり、理事の法令
　　　又は定款違反行為及び後発事象の有無等を確認したうえ、監事
　　　会に報告すべき事項があるかを検討する。

3　　監事は、監事の報告した監査結果に基づき、監事会において
　　　審議のうえ、監査意見の一致が図れた場合は監事連名の監査報
　　　告書を作成することができる。一致が図れなかった場合は、各
　　　監事において監査報告書を作成する。また、監査報告書には、
　　　作成期日を記載し、作成した監事が署名又は記名押印する。

4　　特定監事は、決算関係書類及び事業報告書並びにこれらの附
　　　属明細書に係る監査報告の内容を特定理事（及び公認会計士等）
　　　に通知する。

5　　前項において、特定監事は、監査報告の内容を、決算関係書
　　　類及び事業報告書の全部を受領した日から４週間を経過した日
　　　までに特定理事（及び公認会計士等）に通知できない場合には、
　　　特定理事との間で通知すべき日を伸長する合意をすることがで
　　　きる。

＜解説＞

（1）必須の規定です。

（2）総(代)会に対する監査報告について、生協監事監査基準モデル第
　　　48条（52条）の内容を規定しています。

第4章　その他

（本規則の改廃）

第36条　本規則の改廃は、監事の過半数の同意により行い、総(代)会の承認を得るものとする。

＜解説＞

(1) 必須の規定です。

(2) 本規則が監事監査に関する自治規範であって、組合員から負託された監査の基本的な事項を明らかにしつつ、監事の権限行使に後ろ盾を与える必要があることから、各生協の定款では本規則の改廃について監事が行い、総(代)会の承認を得ることとされています（cf. 模範定款例第37条第12項）。その手続きを明確にする意味で、本条では監事の過半数により改廃し、総(代)会の承認を得るという形で規定しています。

附則

１．この規則は○○年○月○日から実施する。

＜解説＞

(1) 施行日を定めたものであり、必須の規定です。なお、後日にこの規則改定の履歴を追うときのために、末尾に規則改定のたびごとの実施年月日の履歴を記載しておくことが通例です。

Ⅲ 公認会計士監査規約例

公認会計士監査規約例の改定

　公認会計士監査規約例については、法定の外部監査を受けない生協であっても、負債総額50億円以上の生協は公認会計士等による任意の外部監査を受けることが適切である、という考え方に基づき、法令の外部監査に関するルールに準拠して任意監査に関するルールを各生協において定めるため、そのモデルとして作成・提供されているものです。そうした性格との関係で、公認会計士等による監査に関わるルールについては、総(代)会での設定・改廃による「規約」のモデルとして作成しています。

　今回、監事監査規則例の見直しに伴って見直しが必要になる点があるかどうか点検したところ、上記の考え方に照らして修正が必要と考えられる点がいくつか見受けられたため、その範囲で必要最小限の見直しを行うべく改定することといたしました。

Ⅲ　公認会計士監査規約例・目次

公認会計士監査規約例（規約例と解説）

　公認会計士による外部監査については、1990年代半ばにいくつかの生協で経営破綻や粉飾決算、不祥事などの問題が起きたことを受け、生協のディスクロージャー（開示）のレベルを商法特例法（当時）上の大会社並みに高めることを目的として、一定規模以上の生協における取り組みを日本生協連として呼びかけました。

《「健全な生協経営の維持のために」（1996年6月・経営委員会）より》

(2)　一定規模以上の会員生協について、公認会計士による監査制度を採用する。

　　商法は、資本金5億円以上または、負債総額200億円以上の会社について、公認会計士による監査を義務付けている。生協には、商法による規制はないが、生協は、ディスクローズについて、本来、優れた企業のそれを、さらに上回るものとなっていなければならない。

　　現時点で、出資金5億円以上の生協は、地域購買生協で全国に75生協あるが、これらについて、「生協会計基準」に基づいた公認会計士による会計監査と、総代会への監査報告書の提出などの監査制度を採用する。（医療生協などでは、25の生協が出資金5億円以上に該当するが、これらの生協でも公認会計士監査制度の導入を推進する。）

　　前項と同様、日本生協連は、この制度の実施について、96、97年度を通じて、実現するよう、強力にこれを推進する。

※　公認会計士や監査法人（公認会計士等）による監査の対象生協については、その後、1999年に確認された「生協における健全な機関運営の確立のために」（機関運営ガイドライン）では事業

高300億円以上と改められ、さらに2011年に確認された「監事監査の環境整備に関する指針〜地域生協向け〜」では負債総額50億円に改められています。

2007年の生協法改正により、会計監査人監査制度が導入されましたが、その対象は元受共済事業を行う生協（連合会と負債総額200億円超の単位生協）に限定されました。そのため、ほとんどの生協では会計監査人監査制度は適用されず、引き続き契約による任意監査である公認会計士等の監査の重要性が維持されることとなりました。

自発的に公認会計士等の任意監査を受ける生協においては、法令によるルールが存在しないこと、実質的に法定監査の水準を目指す趣旨から監査に関するルールは最高意思決定機関である総(代)会による改廃が望ましいことから、当該監査に関わるルールを明確にするための自治規範として公認会計士監査規約を設定することが推奨されました。本規約例は各生協において公認会計士監査規約を検討する際に役立てていただくモデルとして作成したものです。公認会計士等による監査に関して、公認会計士等の独立性の確保、監事監査との連係などの点で法定の外部監査と同等の水準を目指す意味から、内容については法定外部監査（会計監査人監査）に関する法令上の規定にほぼ沿った形で規定しています。

> **（目的）**
> 第1条　本規約は、○○生活協同組合（以下「本組合」という。）の公認会計士又は監査法人（以下「公認会計士等」という。）による監査（以下「公認会計士監査」という。）に関する基本事項を定めるものである。

＜解説＞

(1) 必須の規定です。

(2) 前文にも述べたように、公認会計士監査規約は公認会計士等による監査の基本的なルールを定めるものであり、本条はそうした本規約の目的を明確にしたものです。

> **（公認会計士監査の意義等）**
> 第2条　本組合は、組合員及び社会の信頼の一層の向上に資するため、監事による監査の他、本組合と特別の利害関係のない公認会計士等による監査を受けるものとする。
> 2　次に掲げる者は、公認会計士監査の監査人となることはできない。
> ①　公認会計士法の規定により、決算関係書類（消費生活協同組合法（以下「生協法」という。）第31条の9第2項に規定する決算関係書類をいう。）について監査をすることができない者
> ②　本組合の子会社等（生協法第53条の2第2項に規定する子会社等をいう。）若しくはその取締役、会計参与、監査役若しくは執行役から、公認会計士若しくは監査法人の業務以外の業務により、継続的な報酬を受けている者又はその配偶者
> ③　監査法人でその社員の半数以上が前号に掲げる者であるもの

Ⅲ　公認会計士監査規約例

<解説>

(1) 必須の規定です。

(2) 公認会計士監査と監事監査は、それぞれ独立した地位と責任を有する監査として位置づけられます。公認会計士を生協と特別の利害関係のない者としているのは、公認会計士監査の公正さ、適格さが保証される必要があるからです。特別の利害関係とは、例えば公認会計士又はその配偶者が生協の役員であったり財務の事務責任者であったり、若しくは過去1年以内にそれらの者であった場合など、公認会計士法に細かく決められています。生協法第31条の11においては、会社法第337条第3項が準用されており会計監査人になれない者が規定されています。本条第2項は、同内容の規定になっています。

(3) 生協法第31条の9第2項の決算関係書類とは、貸借対照表、損益計算書、剰余金処分案又は損失処理案を指します。

(4) 生協法第53条の2第2項の「子会社等」は、子会社及び「厚生労働省令で定める特殊の関係にある者」を指し、省令で「子法人等」「関連法人等」として規定されています(生協法施行規則第210条)。「子法人等」「関連法人等」とは、会社法上の「子会社」「関連会社」のそれぞれの定義に会社以外の法人、例えば協同組合などを含めた概念となります。

（監査の範囲）

第3条　本組合が公認会計士等に委嘱する監査の対象は、貸借対照表、損益計算書及び剰余金処分案又は損失処理案（以下「決算関係書類」という。）並びにその附属明細書とする。

<解説>

(1) 必須の規定です。

(2) 監査の対象となる書類に関する規定です。公認会計士等の行う監

査は会計監査ですので、事業報告書とその附属明細書は監査対象になりません。生協法第31条の10（準用会社法第444条を含む）に規定されている会計監査人監査の範囲には、これに加えて連結決算関係書類も含まれていますが、本規約例では対象としていません。連結決算関係書類を自主的に作成し、公認会計士等の監査を受けることとしている生協では、本条における監査対象に連結決算関係書類を加えることが必要です。

（選任並びに解任等）

第４条　公認会計士等は、監事の過半数の同意を得て、総(代)会において選任する。

2　公認会計士等の解任又は不再任は、監事の過半数の同意を得て、総(代)会の決議をもって行う。

3　監事は理事に対して、公認会計士等の選任議案の総(代)会への提出又は公認会計士等の選任、解任若しくは不再任を総(代)会の議題とすることを請求することができる。

4　本組合は、公認会計士等の選任、解任、不再任又は辞任について、その公認会計士等に対して総(代)会に出席し意見を述べる機会を与えるものとする。

5　辞任し又は解任された公認会計士等は、辞任又は解任後最初に招集される総(代)会に出席して、辞任した旨及びその理由又は解任についての意見を述べることができる。

6　公認会計士等が任期途中において欠けた場合において、遅滞なく後任者が選任されないときは、監事の過半数の同意により、一時公認会計士等の職務を行う者を選任するものとする。この場合、理事は次に開催される総(代)会において、第１項に規定する公認会計士等の選任の手続を行わなければならない。

7　監事は、監事全員の同意により、公認会計士等が次のいずれ

かに該当するときは、その公認会計士等を解任することができる。

　①　職務上の義務に違反し、又は職務を怠ったとき。

　②　監査人としてふさわしくない非行があったとき。

　③　心身の故障のため、職務の執行に支障があり、又はこれに堪えないとき。

8　前項の規定により公認会計士等を解任したときは、監事の互選によって定めた監事は、その旨及び解任の理由を解任後最初に招集される総(代)会に報告するものとする。

＜解説＞

（1）必須の規定です。

（2）本条は、公認会計士等の選任、解任等について規定しています。生協法第31条の10第3項では、2014年改正（会社法改正に伴う改正）を受け、会計監査人の選任、解任及び不再任に関する議案を監事の過半数により決定する形で規定しています。しかし、公認会計士等の監査を受けている生協には常勤監事未設置の生協も相当数含まれており、会計監査人と同様の扱いをすることに無理があるケースも多いので、本規約例では2014年改正前の会計監査人の選解任等に関する規定に即した形で規定しています。第7項の規定により監事が公認会計士等を解任した場合で、後任の公認会計士等が遅滞なく選任されないときは、第6項の手続き（監事による一時公認会計士等の選任、理事による直近の総(代)会での公認会計士等選任手続）を行うこととなります。

（任期及び再任）

第5条　公認会計士等の任期は、就任後1年以内の決算期に係る総(代)会終了のときまでとする。

2　本組合は、公認会計士等について、就任後の総(代)会におい
て第４条第２項による決議がされなかったときは、その総(代)
会で再任されたものとみなす。

＜解説＞

(1) 必須の規定です。

(2) 公認会計士等の任期と再任に関する規定です。再任については、
解任、不再任決議が総(代)会でされない限り再任とみなすことにし
ています。この規定は、生協法第31条の10第３項（会社法第338
条の会計監査人の任期の第１項、第２項の準用）の規定に基づいて
います。

（公認会計士等の権限）

第６条　本組合は、公認会計士等に次の権限を与えるものとする。

①　公認会計士等は、何時でも、本組合の会計の帳簿及び書類
の閲覧若しくは謄写をし、又は理事及び職員に対して会計に
関する報告を求めることができる。

②　公認会計士等は、その職務を行うため必要があるときは、
本組合の業務及び財産の状況を調査することができる。

③　公認会計士等は、その職務を行うため必要があるときは、
子会社等及び事業連合に対して会計に関する報告を求め、又
は子会社等及び事業連合の業務及び財産の状況を調査するこ
とができる。ただし、子会社等及び事業連合の同意を得るこ
とを要する。

＜解説＞

(1) 必須の規定です。

(2) 各号は、生協法第31条の10第３項（会社法第396条の会計監査
人の権限等の第１項から第５項の準用）の規定の権限に基づいてい

ます。

(3) 第3号の「事業連合」は、生協法に固有の規定はされていませんが、一般に周知されている実態に基づき明示しています。調査については、相手方の了解を得て実施することになります。なお、事業連合については、生協法施行規則第210条に規定する子法人等又は関連法人等の要件を満たす場合、子会社等に該当することとなります。

（決算関係書類及びその附属明細書の提出）

第7条　理事は、決算関係書類及びその附属明細書を、監事に提出する日と同日に公認会計士等に提出しなければならない。

＜解説＞

(1) 必須の規定です。

(2) 決算関係書類及びその附属明細書の提出日を決定するには、下記の事項を考慮する必要があります。

① 　監事の監査を受けた決算関係書類及び事業報告書並びにこれらの附属明細書は、理事会の承認を受けなければならないこと（生協法第31条の9第5項）

② 　決算関係書類等（決算関係書類及び事業報告書並びにこれらの附属明細書［監査報告を含む］）を通常総(代)会の2週間前の日から5年間主たる事務所（従たる事務所は3年間）に備えなければならないこと（生協法第31条の9第9項、第10項）

③ 　通常総(代)会の招集の通知に際して、総(代)会日の10日前までに①の承認を受けた決算関係書類及び事業報告書（監査報告を含む）を組合員（総代）に提供しなければならないこと（生協法第31条の9第7項、同第38条）

④ 　決算関係書類及び事業報告書並びにこれらの附属明細書を監事及び公認会計士又は監査法人に提供する日

⑤　公認会計士等に決算関係書類及びその附属明細書を提供してから監査報告を受け取るまでの日数

⑥　監事に決算関係書類及びその附属明細書を提供してから監査報告を受け取るまでの日数（生協法施行規則第133条）

⑦　監査報告の受領後に決算関係書類及び事業報告書並びにこれらの附属明細書を承認する理事会開催日の決定

（監事の監査報告の通知）

第8条　特定監事は、公認会計士等の監査報告書を受領してから1週間を経過する日（その日以後で特定理事と特定監事が合意した日があれば当該合意した日）までに、特定理事及び公認会計士等に対し、決算関係書類及びその附属明細書に係る監事の監査報告の内容を通知しなければならない。

＜解説＞

(1) 必須の規定です。

(2) 監事の監査報告の通知について、期限と相手方を規定したものです。法定外部監査生協において、決算関係書類及びその附属明細書に関する監事の監査報告の提出について詳細を定めた生協法施行規則第140条の規定に倣ったものです。

（監査報告書の開示）

第9条　理事は、公認会計士等の監査報告書を、監事の監査報告書と共に総(代)会に開示しなければならない。

＜解説＞

(1) 必須の規定です。

(2) 公認会計士等による監査は、任意監査により法定外部監査を受けた場合と同等な開示の水準を確保しようとするものであることか

ら、そのルールは規約として総(代)会で設定・改廃することとし、公認会計士等の選任は総(代)会で行うこととしています。公認会計士等は、このように独立した監査人として生協との契約に基づき監査を行っていること、公認会計士等の監査報告は監事が監査意見の形成においてこれを参考としていることから、公認会計士等の監査報告書は総(代)会に開示することとします。

（総(代)会への出席）

第10条　本組合は、公認会計士等が監事と意見を異にするときは、公認会計士等に対して総(代)会に出席し、意見を述べる機会を与えるものとする。

<解説>

(1) 必須の規定です。

(2) 本条は、生協法第31条の10第3項（会社法第398条の定時株主総会における会計監査人の意見の陳述の第1項を準用）の規定に基づいています。このような事態においては、組合員（総代）から公認会計士監査に対する質問の出ることが予想されるからです。

（監査契約書の特約等）

第11条　本組合は、公認会計士等と監査契約を締結するにあたり、次の事項を特約するものとする。なお、監査契約書に定めのない事項に関しては、別に定める監査契約約款によるものとする。

　①　公認会計士等は、毎事業年度の初めに、当該事業年度に係る監査計画概要書を特定理事及び特定監事に提出すべきこと

　②　公認会計士等は、決算関係書類及びその附属明細書を受領した日から○週間以内に、監査報告書及び監査実施説明書を

特定理事及び特定監事に提出すべきこと

③　公認会計士等は、理事の職務執行に関し、不正行為又は法令、定款に違反する重大な事実が判明したときは、監事に報告すべきこと

④　公認会計士等は、監事の求めに応じて公認会計士等の監査に関して報告すべきこと

⑤　公認会計士等は、総(代)会において公認会計士等の出席を求める決議があったときは、総(代)会に出席し意見を述べるべきこと

＜解説＞

(1) 必須の規定です。

(2) 生協が、監査契約書に特約として契約する内容の規定です。特約については、生協側、公認会計士等側の双方からの要請がありますので協議が必要です。第1号から第5号までの事項を特約することは、この監査が法定監査ではなく任意監査であるだけに忘れてはならないものです。第2号以下は、それぞれ下記のとおり法令上の会計監査人に関する規定に沿ったものです。

第2号…会計監査報告の通知期限等を定めた生協法施行規則第138条

第3号…生協法第31条の10第3項（会社法第397条の監査役に対する報告の第1項の準用）

第4号…生協法第31条の10第3項（会社法第397条の監査役に対する報告の第2項の準用）

第5号…生協法第31条の10第3項（会社法第398条の定時株主総会における会計監査人の意見の陳述の第2項の準用）

Ⅲ　公認会計士監査規約例

（公認会計士等の報酬等の決定に関する監事の関与）

第12条　理事は、公認会計士等の報酬等を定める場合には、監事の過半数の同意を得なければならない。第4条第6項に規定する一時公認会計士等の職務を行う者も同様とする。

＜解説＞

(1) 必須の規定です。

(2) 生協法第31条の10第3項（会社法第399条の会計監査人の報酬等の決定に関する監査役の関与の第1項の準用)に基づいています。

（本規約の改廃）

第13条　本規約の改廃は、監事の過半数の同意を得て理事会が提案し、総(代)会の議決を得るものとする。

＜解説＞

(1) 必須の規定です。

(2) 規約の設定、変更及び廃止は、生協法第40条第1項第2号により総(代)会の議決事項です。改廃は、監事の過半数の同意を得て理事会が提案し、総(代)会の議決を得ることを規定しています。

附　則

1．この規則は○○年○月○日から実施する。

＜解説＞

(1) 必須の規定です。

生協監事監査ハンドブック〈上〉［2024年6月発行］

[発行日] 2024年6月14日　初版1刷
[検印廃止]
[編　者] 日本生活協同組合連合会
[発行者] 二村睦子
[発行元] 日本生活協同組合連合会
　　　　　〒150-8913　東京都渋谷区渋谷3-29-8　コーププラザ
　　　　　TEL　03-5778-8183

[制作・印刷] 日経印刷株式会社